現代社会の
人文地理学

稲垣 稜 著

古今書院

まえがき

　本書は，大学で人文地理学を初めて学ぶ人を対象としたテキストである．人文地理学は非常に間口の広い学問であり，教養として人文地理学を学ぶ人にとって，そのすべてに触れることは困難である．本書では，人文地理学においてふまえておくべきテーマを厳選し，それらの基礎的な説明を行った．

　本書において心がけたのは以下の点である．第一に，なるべく専門的な議論や用語は避けたことである．「高校地理」を履修していなかった筆者には，大学の授業において，「高校地理」履修者には当たり前と思われる事項をすぐに理解できなかった経験がある．近年，高校で地理を履修しない人が増えていると言われているが，筆者自身の経験をもとに，そうした人たちがスムーズに人文地理学に入門できるように心がけた．第二に，筆者自身が特に専門分野とする内容については，詳細に触れないようにしたことである．思い入れのある専門分野は，どうしても詳しく書きたいという気持ちが出てくるが，入門書にはふさわしくないと判断した．第三に，人文地理学の研究成果をなるべく取り入れたことである．これまでの研究で議論されてきた専門的な知見を，入門書にふさわしいように平易な形で取り入れたつもりである．引用した図表にはすべて引用元を示してあるので，本書のレベルでは飽き足らず，さらに専門的な知識や議論を知りたいと考える人は，ぜひそれらを参考にしていただきたい．

　本書の出版に際して，古今書院の原光一氏には，本書の企画段階から執筆に至るまで，筆者の面倒な質問や相談にも丁寧に答えていただいた．また，原稿の編集作業にあたって，鈴木憲子氏には多大なご尽力をいただいた．ここに記して感謝いたします．

稲垣　稜

目　次

まえがき i

1章　人口 1
　1. 人口分布と人口増減 1
　2. 日本における出生，死亡と高齢化 2
　3. 人口移動 4
　4. 地域人口と自然増減，社会増減 6
　5. 人口移動統計の種類と扱い方 7

2章　都市 10
　1. 都市とは 10
　2. 都市の類型 11
　3. 日本の都市景観の特徴 12
　4. 都市の内部構造 14
　　　a. 多様な都心機能 14
　　　b. インナーシティ問題 15
　5. 中心市街地の衰退と居住 17

3章　郊外と大都市圏 19
　1. 戦前の郊外化 19
　2. 戦後の郊外化 20
　3. 大都市圏の定義 22
　4. 郊外の雇用成長と大都市圏の構造変容 24
　5. 郊外の現在とこれから 26

4章　小売業 29
　1. 小売業の特性と立地 29
　2. 小売業と卸売業の関係変化 29

3. 小売業の立地変化 ·· 31
　　　　a. 百貨店法と商店街 ·· 32
　　　　b. 大店法の制定と規制強化 ·· 34
　　　　c. 規制緩和からまちづくり3法へ ···························· 37
　　4. 近年の新たな動向 ·· 39

5章　サービス業 ·· 41
　　1. サービス経済化 ·· 41
　　2. サービス業の盛衰と立地 ·· 42
　　3. サービス業の成長と多様化 ·· 45
　　4. 公共サービス業 ·· 48

6章　観　光 ·· 49
　　1. 観光の現状と観光資源 ·· 49
　　2. 自然の観光資源を持つ地域 ·· 50
　　3. 歴史的な観光資源を持つ地域 ·· 51
　　4. 遊園地とテーマパーク ·· 54
　　5. 世界遺産と観光 ·· 58
　　6. 新たな観光の形 ·· 59

7章　交　通 ·· 63
　　1. 交通の発達と都市の地域構造モデル ···························· 63
　　2. 日本における交通の発達と都市構造 ···························· 64
　　3. 新たな交通手段と都市構造 ·· 67
　　4. 交通の規制緩和 ·· 70

8章　工　業 ·· 72
　　1. 工業立地の分類 ·· 72
　　2. 4大工業地帯の成立 ·· 73
　　3. 工業の分散 ·· 75
　　4. 国内に残された製造業 ·· 77

9章　国土政策・都市政策 ·· 81
　　1. 国土政策の変遷 ·· 81
　　2. 都市政策と都市計画 ·· 84
　　3. 都市の再開発の手法 ·· 85

4. 景観保全の取り組み ・・ 87
　5. 市町村合併 ・・ 88

10章　エネルギー・資源問題 ・・・・・・・・・・・・・・・・・・・・・・・・・・・・・・・・・ 91
　1. エネルギー・資源の利用 ・・・・・・・・・・・・・・・・・・・・・・・・・・・・・・・・・・・ 91
　2. エネルギー・資源の変遷 ・・・・・・・・・・・・・・・・・・・・・・・・・・・・・・・・・・・ 91
　3. 電力の動向と新エネルギー ・・・・・・・・・・・・・・・・・・・・・・・・・・・・・・・・ 94
　4. 環境問題 ・・ 97

11章　地域調査 ・・ 100
　1. 地域調査の意義と準備 ・・・・・・・・・・・・・・・・・・・・・・・・・・・・・・・・・・・・・ 100
　2. 現地調査 ・・・ 101
　3. 調査のまとめ ・・ 101
　4. アンケート調査 ・・・ 103

12章　地形図からみる人間生活 ・・・・・・・・・・・・・・・・・・・・・・・・・・・・・ 106
　1. 地形と集落 ・・ 106
　2. 扇状地 ・・ 107
　3. 自然堤防と後背湿地 ・・・・・・・・・・・・・・・・・・・・・・・・・・・・・・・・・・・・・・・ 110
　4. 河岸段丘 ・・・ 110
　5. 海岸地形 ・・・ 114
　6. 火　山 ・・ 114

1章　人　口

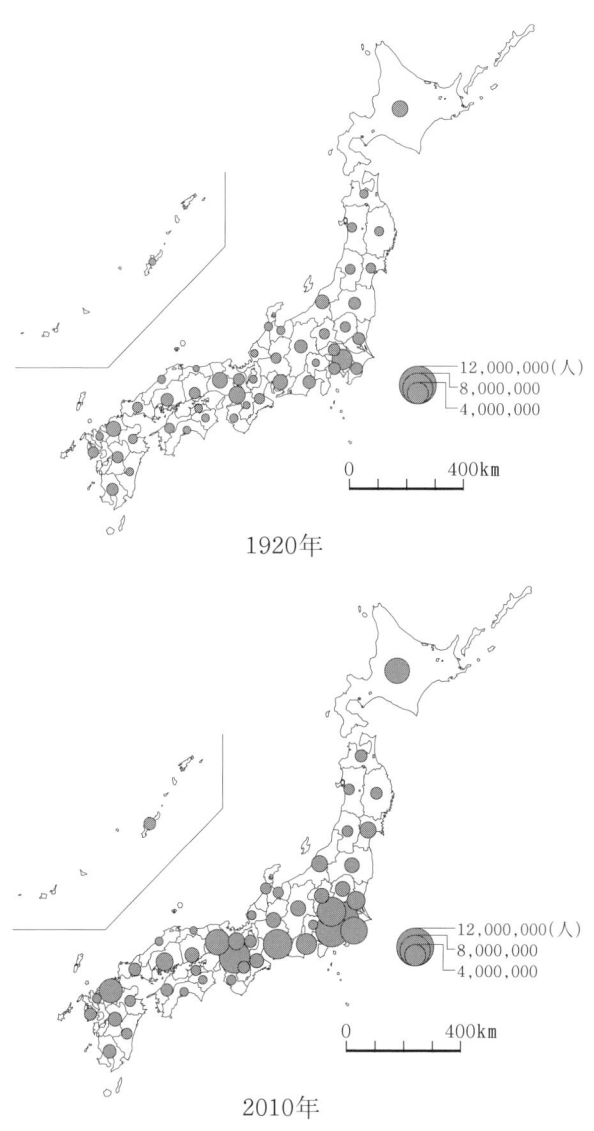

図1-1　人口分布の変化
（『国勢調査』をもとに作成）

1920年

2010年

1. 人口分布と人口増減

　人口は，地域の状態を把握するのに不可欠な指標である．人口規模が，その地域の大まかなイメージにつながることはよくある．例えば，人口100万人以上を超える都市を意味する「百万都市」に対しては，漠然と大都会的なイメージをもたれるであろう．また，日本では，行政上の「市」となるために人口5万人以上，「政令指定都市」となるために人口50万人以上といった要件を設けているように，一定水準以上の行政業務を担うことができるか否かの基準にも人口規模が採用されている．

　人口分布は，各々の時代の状況によって変化していく．図1-1は，1920年と2010年の人口分布を都道府県別に示したものである．1920年をみると，2010年ほど人口分布の地域差は大きくないことがわかる．太平洋ベルトを中心とする工業化がすすみつつあったとはいえ，1920年当時の人口分布にはまだ江戸時代の政治体制の名残が存在していた．例えば，金沢，松

江，鳥取など江戸時代の有力な城下町を抱えていた県は，依然としてかなりの人口を有していた．また，農作物を生産するために大量の労働力を必要としていた当時の状況を反映して，日本海側や内陸部の県も相対的に多くの人口を有していた．現代の日本においては，東京，名古屋，大阪を中心とした太平洋ベルトに人口が集中する傾向がみられる．

2．日本における出生，死亡と高齢化

　日本の出生数について概観すると（図1-2），戦前から毎年200万人前後で推移し，終戦直後には年間270万人の出生がみられた．この時期に出生した人々は第一次ベビーブーム世代と呼ばれる．1950年代後半から1960年前半にかけては出生数が減少し，年間160万人から170万人となった．1966年において出生数が大きく減少しているのは，この年が丙午にあたり，出

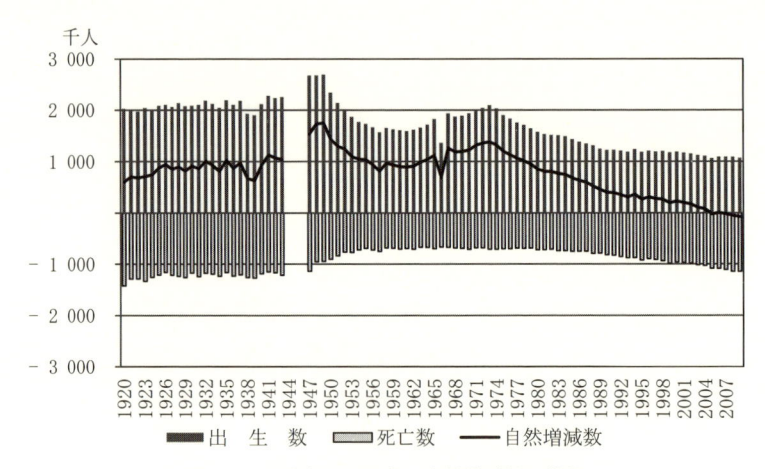

図1-2　出生数，死亡数，自然増減数の推移
1944〜46年は資料不備のため省略．1947〜1972年は沖縄県を含まない．
（厚生労働省のホームページをもとに作成）

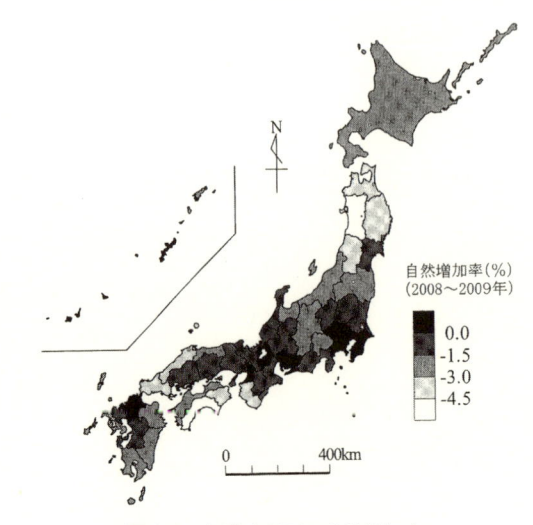

図1-3　都道府県別の自然増加率
（石川義孝・井上孝・田原裕子編『地域と人口からみる日本の姿』古今書院，2011年）

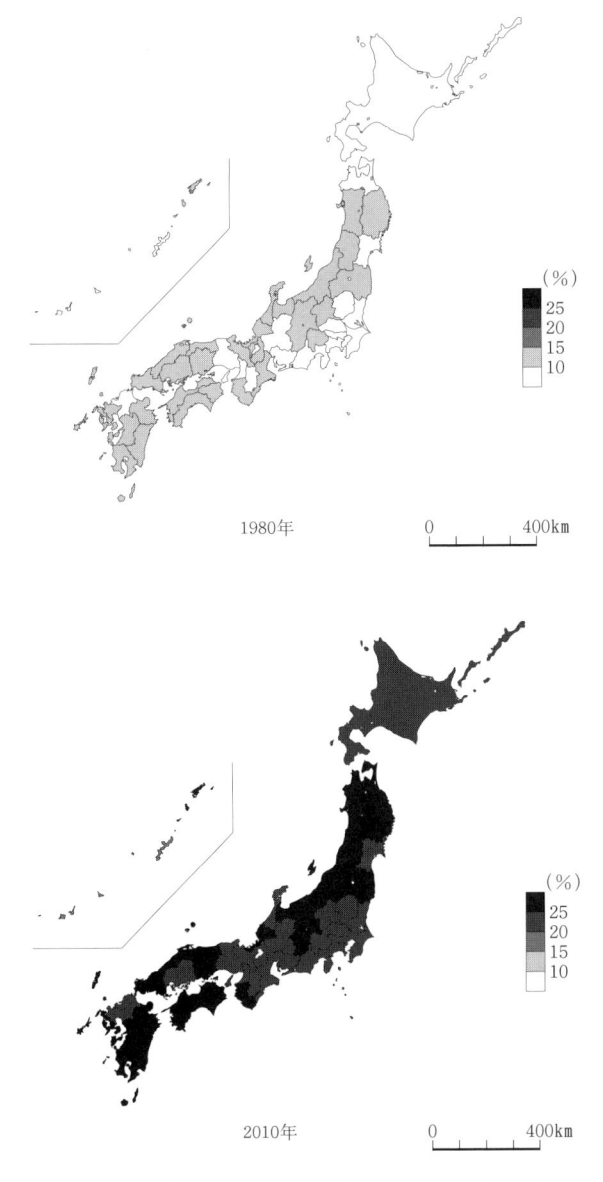

図 1-4 65 歳以上人口割合の変化（1980 年，2010 年）
（『国勢調査』をもとに作成）

産行動を控えた人が多かったためと言われる．1970 年代前半には再び出生数が増加し，1971 年から 1974 年には年間 200 万人を超えた．この時期に出生した人々は第一次ベビーブーム世代の子ども世代に該当し，第二次ベビーブーム世代と呼ばれる．この世代以降は，出生数の減少が顕著である．

死亡数をみると，1920 年に約 140 万人であったのが 1920 年代後半には 120 万人前後へと減少し，そこから終戦までは大きな変動はなかった．戦後になると医療技術の発達などにより，急速に減少し始めた．1980 年代頃からは死亡数が再び増加傾向にあるが，これは高齢化にともない，高齢者の人口が増加してきたことと関係している．

出生数と死亡数の差である自然増減をみると，戦前は多少の変動はあるものの年間60万人台から100万人台の増加で推移した．終戦直後の第一次ベビーブームの時期には年間170万人以上の増加を示すようになるが，その後増加数は縮小へと向かった．自然増加が再び拡大し始めるのは第二次ベビーブームにかけてであるが，その後は増加が徐々に縮小し，ついに2005年には自然減少へとシフトした．

　もちろん，自然増減には地域的差違が存在する．図1-3は，都道府県別の自然増加率が示されたものであるが，大都市圏において自然増加率が高く，地方圏において低いことがわかる．これは，大都市圏に若年人口が多く，地方圏に高齢人口が多いことを反映したものである．

　図1-4は，1980年と2010年の65歳以上人口割合を示したものである．1980年時点で，地方圏において65歳以上人口割合が高いという傾向がすでにみられる．後述するように，高度経済成長期には，仕事を求める若者が地方圏から大都市圏へと移動していったことから，地方圏では高齢化がすすむこととなった．この時点での高齢化とは，地方圏の問題であり，特に農山村地域における高齢化が過疎化との関連で問題視されていた．2010年になると，全国的な65歳以上人口割合の上昇が顕著であり，沖縄県を除くすべての都道府県で20%を上回っている．もはや高齢化は地方圏だけの問題ではなく，大都市圏においても重要な問題となっている．3章で述べるように，高度経済成長期の比較的早い時期に大都市圏に建設された郊外住宅地の中には，現在，高い高齢者割合を示すところもある．

3．人口移動

　地域人口の変化をもたらす一要素である社会増減は，人々の人口移動の結果である．人口移

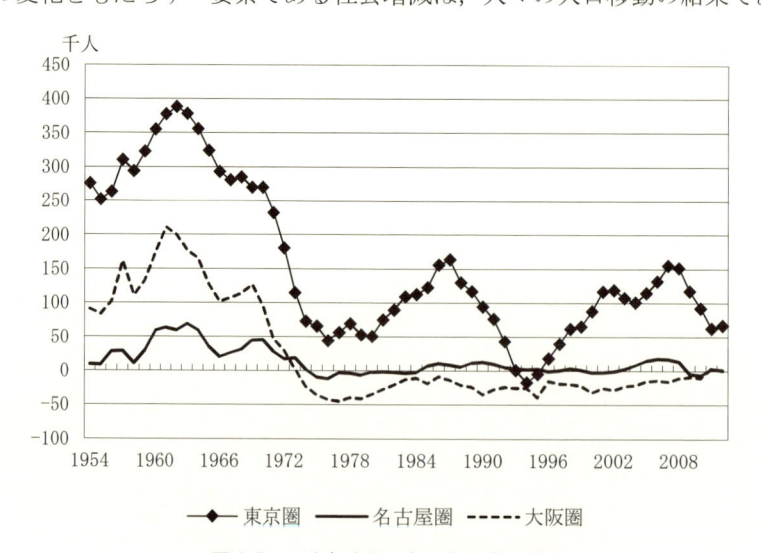

図1-5　三大都市圏の転入超過数の推移
東京圏＝東京都，神奈川県，埼玉県，千葉県
大阪圏＝大阪府，兵庫県，京都府，奈良県
名古屋圏＝愛知県，岐阜県，三重県
(『住民基本台帳人口移動報告年報』をもとに作成)

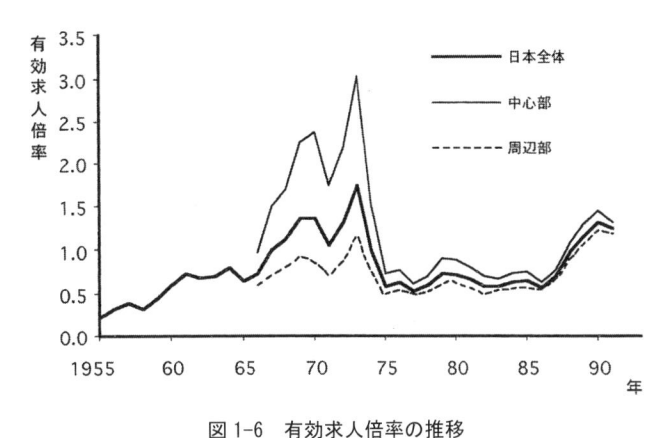

図1-6　有効求人倍率の推移
(石川義孝『人口移動の計量地理学』古今書院, 1994年)

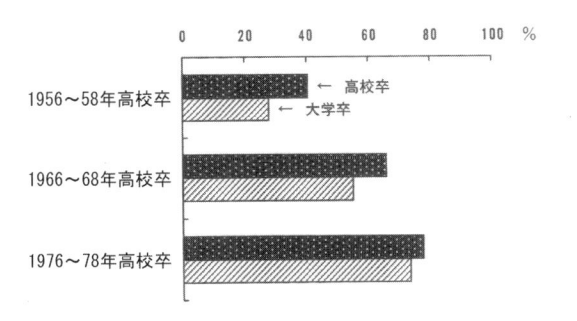

図1-7　三大都市圏への他出者のUターン率(長野県出身者)
(荒井良雄・川口太郎・井上孝編『日本の人口移動―ライフコースと地域性』古今書院, 2002年, をもとに作成)

動とは，一般に住居の変更をともなう移動のことであり，通勤・通学や買い物など日々の移動とは区別される．人口移動のトレンドは，時代とともに変化してきている（図1-5）．

　1950年代後半から1970年代初期までの高度経済成長期には，地方圏から大都市圏への人口流入が顕著であった．この時期は，転入超過の量に差はあるものの，東京，大阪，名古屋いずれの大都市圏も転入超過傾向にあった．第二次世界大戦後の日本では，戦前からすでに製造業の基盤のあった三大都市圏に集中的に資本投入することで復興がはかられた．有効求人倍率の推移を示した図1-6によると，高度経済成長期には大都市圏（この図では中心部）と地方圏（この図では周辺部）の開きが大きく，大都市圏において労働力不足が深刻であったことがわかる．こうしたことを背景として，若者を中心として地方圏から大都市圏へと大量の人口移動が発生するようになった．

　しかし，高度経済成長が終わり大都市圏の労働力需要が低下した1970年代半ばになると，三大都市圏への人口集中がしだいに弱まっていった．高度経済成長期には，「地方圏から大都市圏へ」の人口移動が「大都市圏から地方圏へ」のそれを大きく上回っていたが，徐々にその差が縮小してきた．こうした現象は，人口の「Uターン現象」と関連づけられ，大都市圏へ移動した地方圏出身者の地元帰還が注目されるようになった．実際，三大都市圏へ移動した地方圏出身者のUターン率は上昇してきた（図1-7）．

1980年代半ばになると，東京圏のみが転入超過数を増やし，名古屋圏はプラスマイナスゼロ，大阪圏は転出超過が継続する状況となっている．経済のグローバル化にともなって国際競争が激化する中，企業は効率的な経営を行うために，さまざまな都市基盤が集積する東京の外部経済を求めて東京へ移動していった．また，情報化がすすんだこの時期に，海外への展開を視野に入れた企業の多くは，国際的な情報をいち早く得ることができる東京に拠点を移し始めた．いわゆる東京一極集中が顕著になった．

　バブルが崩壊した1990年代に入ると，東京圏においても転入超過が大幅に縮小し，1994年，1995年には転出超過となった．しかし，1990年代後半になると再び東京圏の転入超過傾向が顕著になる．この背景には，1980年代以上に進展したグローバル化，情報化の流れがある．また1990年代後半は，インターネットが普及し始めた時期であり，インターネットを利用してさまざまなサービスを提供する事業者が増加し始めた．特に，対個人ではなく企業向けにサービスを提供する事業所サービス業が急成長するようになった．顧客となる企業の数は圧倒的に東京圏に多いため，自ずと事業所サービス業も東京に集まることになる（5章参照）．こうしたことが，東京再集中を後押しすることになった．

4．地域人口と自然増減，社会増減

　一般に，地域単位が大きいほど地域人口の変化に対する自然増減の影響力が大きくなると考えられる．世界人口はその最たる例であり，地球外からの人口の流入，流出は通常考えられないので，その人口変化は自然増減によるものとみなすことができる．一方，市町村など地域単位が小さくなると，人口変化に対する社会増減の影響は大きくなる．高度経済成長期に人口流出が著しかった農山村，ドーナツ化現象で郊外へ人口が流出した都市中心部，そして都市中心部からの人口を受け入れた郊外などでは，その傾向が顕著であったと考えられる．

　しかし，近年はそうした状況に変化がみられる．表1-1には，一例として岐阜県の3市町（岐阜市，旧穂積町，旧美山町）の自然増減と社会増減を2時点で示してある．1980年は，人口の郊外化現象が顕著であり，岐阜都市圏の中心部に相当する岐阜市では自然増加を上回る大幅な社会減少がみられた．対照的に，郊外に相当する旧穂積町では，社会増加が自然増加を上回っていた．農山村に相当する旧美山町は，自然増加を上回って社会減少が顕著であった．いずれも社会増減がその市町の人口増減に大きく寄与していた．これに対し2002年には，いずれの

表1-1　岐阜県3市町における自然増減，社会増減の推移

	岐阜市		穂積町		美山町	
	自然増減	社会増減	自然増減	社会増減	自然増減	社会増減
1980年	2942	-3209	286	526	30	-160
2002年	572	-67	240	150	-58	-69

市名，町名は2002年時点のものである．
（『岐阜県人口動態統計調査』をもとに作成）

市町でも社会増減の大幅な増加ないしは減少の傾向が緩和されゼロに近づいた．人口移動が沈静化した結果，人口増減に対する社会増減の影響力は以前ほど大きくない．

5．人口移動統計の種類と扱い方

　人口に関する統計は，さまざまな統計の中でも最も利用されているものの一つである．出生，死亡に関しては，人口動態統計が広く利用されている．一方，人口移動に関してはいくつかの統計が存在しており，全国レベルで利用できるのは，住民基本台帳人口移動報告と国勢調査である．ただし，下記のようにいくつかの注意が必要である．

　住民基本台帳人口移動報告は，住民異動届をもとに毎年公表されているものである．しかし，統計単位が都道府県と大都市に限定されているため，ミクロな人口移動パターンを把握するなどの場合には利用できない．また，住民異動届が未提出の場合は人口移動として把握されない．例えば，進学にともなって進学先地域に住居を移す場合，住民異動届を提出しない事例もある．この場合も住民基本台帳人口移動報告では人口移動としてカウントされない．

　進学にともなう居住地の移動を把握したい場合に，学校基本調査が利用されることもある．ただし，この統計から得られるのは，高校所在地と大学所在地であることに注意が必要である．例えば，高校時代に埼玉県に居住し東京都の高校に通っていた人が，大学進学の際に大阪府へ

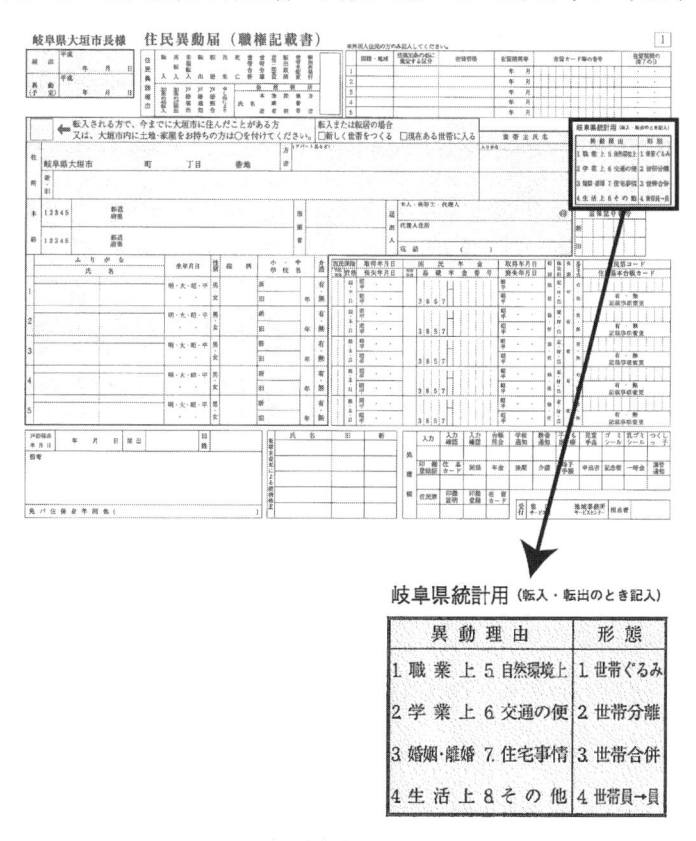

図1-8　岐阜県の住民異動届

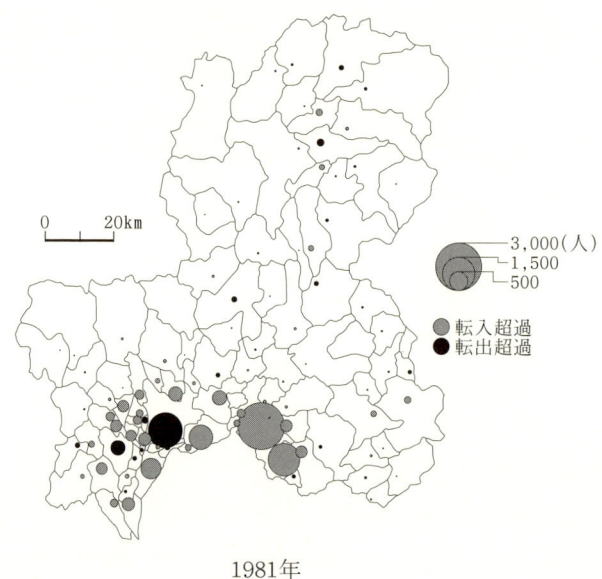

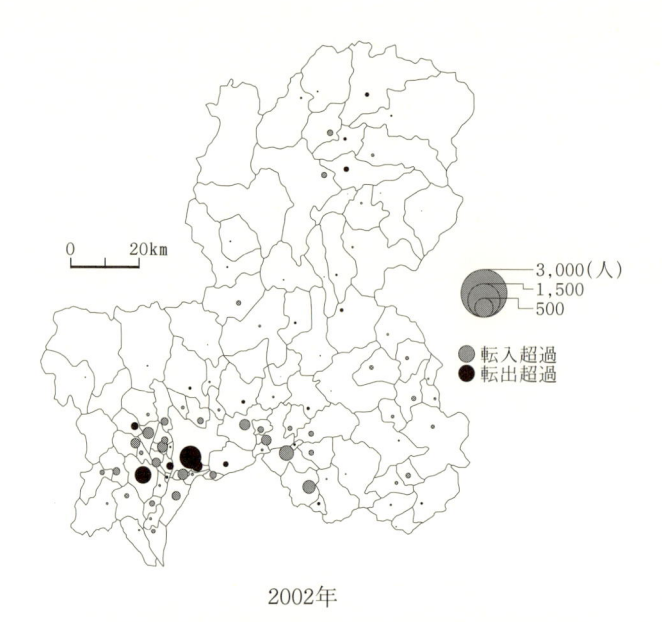

図1-9 「住宅事情」を理由とした移動の転入超過数
(『岐阜県人口動態統計調査』をもとに作成)

居住地を移動したとする．この人は，居住地で考えれば埼玉県から大阪府への移動者であるが，学校基本調査では東京都から大阪府への移動者となる．

　国勢調査は，都道府県単位だけでなく市区町村単位での人口移動を把握することができる．ただし，人口移動については10年に一度の大規模調査の際にしか調査されないことや，年次によって人口移動の定義が異なっているため，長期的な変化を検討することができなくなっている．また，5年前の常住地と現在（調査時）の常住地で人口移動が定義されているので，5年間に実際に発生した移動はカウントされない．

2010年10月に実施された国勢調査を例に，5年前の2005年10月時点で滋賀県の親元に居住していた人が，2006年6月に北海道へ，2007年5月に大阪府へ，2009年6月に東京都へ，そして2010年6月に京都府へ移動し調査時（2010年10月）に至ると仮定すると（すべて住民異動届を提出したと仮定），住民基本台帳人口移動報告ではすべての移動（滋賀県→北海道，北海道→大阪府，大阪府→東京都，東京都→京都府）が把握されるが，国勢調査では5年前の住所と現住所の比較であるから，滋賀県から京都府へ移動しただけとなる．こうした注意点はあるものの，これらに配慮した上で利用すれば有用なものである．

　これらの全国レベルの統計のほか，都道府県が独自に集計しているものもある．中には，市町村間移動や移動理由を把握できるものもある．こうしたデータの公表は一部の都道府県に限定されるものの，利用価値は高い．例えば，岐阜県では，各市町村への転入，転出の際に，住民異動届の欄外にある移動理由と移動形態への記入を求められている（図1-8）．これをもとに，転入転出別の移動理由，移動形態などが集計，公表されている．このデータを用いて，「住宅事情」を理由とする転入，転出超過の状況を示したのが図1-9である．岐阜県南部は，住宅を求めて名古屋方面から居住地を移す人々が多いベッドタウンとしての性格を有してきたが，この図からは，「住宅事情」による転入超過が大幅に縮小している状況が判明する．

2章　都　市

1. 都市とは

　都市とは何か.『最新地理学用語辞典(改訂版)』によると,「集落の一種で,人口規模が大きく,かつ密集しており,第二次,第三次産業ないし周辺地域の中心地であることを主たる機能とするもの」とある.また,「…統計利用上の便宜などから行政上の市をもって都市と見なすこともしばしば行われる」ともある.前者は,実質的な都市地域を指すものであり,景観上も都市と見なせる範囲と考えられる.しかし,都市人口を把握しようとした場合,前者の定義での把握は困難である.したがって,都市人口としてわれわれが把握することができるのは,後者にある行政上の市の人口である.

　このように,一般的には「都市＝行政上の市」と考えることが多く,こうすることでさまざまな都市の比較,検討が可能になる.ただし,「都市＝行政上の市」と見なす場合には注意が必要である.それは,市町村合併によって周辺の農村地域を市域に多く含むようになった市が存在するからである.

　戦前までの日本の市は,県庁所在都市レベルの比較的規模の大きい都市に限定されており,しかもその市域の大部分は,現在の中心市街地に相当する場所であった.したがって,当時は「都市＝行政上の市」とすることの意味は大きかったと考えられる.しかし,1950年代にすすんだ昭和の大合併(9章)により,周辺の農村地域が市域に組み込まれた結果,行政上の市と実質的な都市域との間に乖離が生じるようになった.

　こうした状況をふまえて考案されたのが,DIDと呼ばれる地区である.これは,Densely Inhabited District の略であり,人口集中地区とも呼ばれる.人口密度1平方キロメートルあたり4,000人以上の基本単位区(以前は国勢調査区)が隣接して,合計で5,000人以上となる区域を意味する.このDIDは,実質的な都市地域と呼ぶことができ,先述の『最新地理学用語辞典(改訂版)』による前者の定義にもかなり近いといえる.多くの中小市町村において,DIDは市域のわずかを占めるにすぎない.鹿児島県指宿市を例にとると,DID面積は市全体のわずか1.3％にすぎないが,その中に16.8％の人口がいる(指宿市人口4万4,396人,DID人口7,438人).

2. 都市の類型

　都市は，都市機能に基づいて分類することが可能である．工業都市，観光都市，政治都市，宗教都市，商業都市などがその例である．実際には，いくつかの機能を有することが一般的であり，例えば京都市は観光宗教都市などと呼ばれることもある．

　こうした類型とは別に，日本では三大都市，地方中枢都市，地方中核都市などに都市が区分されることがある．三大都市とは東京，大阪，名古屋を指し，人口規模が大きいだけでなく全国的な大企業の本社が立地する都市である．20世紀初頭の日本の工業化や，戦後の復興を牽引したのも三大都市であり，近代以降の日本の中心的な役割を果たしてきた．

　地方中枢都市とは，県域のみならず地方ブロック（北海道，東北，中国，九州）にまで影響を及ぼす都市であり，札幌，仙台，広島，福岡が挙げられる．これらの都市には，高度経済成長期に全国展開をすすめた大企業の支店が置かれ，その支店のテリトリーは各地方にまで及んだ．「支店経済のまち」と呼ばれることもある．地方中核都市は，地方中枢都市よりは規模が小さく，通常の県庁所在都市レベルの都市のことを指すことが多い．

　三大都市，地方中枢都市をはじめとする主要都市を階層性によって区別すると，図2-1のようになる．戦前から戦後直後には，三大都市とそれ以外の差が明確であった．1960年代に入ると，地方中枢都市の地位が上昇し始める．1970年代以降，東京と大阪，名古屋との間の格差が拡大し始め，1985年以降は名古屋も地方中枢都市に近い位置づけとなった．

　三大都市の中でも東京の地位が大きく上昇するのは，世界都市化と関係が深い．世界都市とは，1980年代以降に使われるようになってきた新たな都市の類型といえる．世界経済がグロー

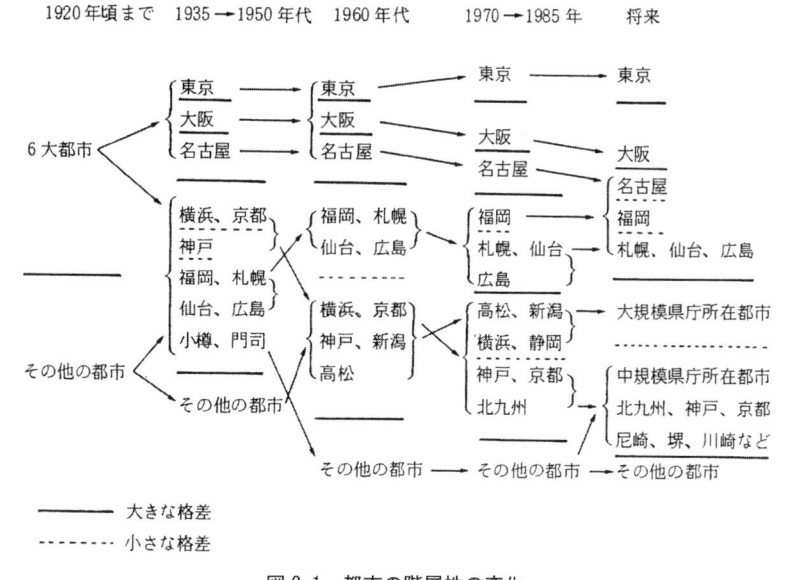

図2-1　都市の階層性の変化
(阿部和俊『日本の都市体系研究』地人書房，1991年)

バル化していく中，多国籍化した企業は，地球規模に展開する一方で，本国における拠点を特定の大都市に定めるようになった．これが世界都市であり，東京，ニューヨーク，ロンドン，パリなどがその代表例とされている．これらの都市は世界の金融センターとしても位置づけられており，世界経済における中心的な役割を果たしている．

3．日本の都市景観の特徴

一般に，都心ほど地価が高いので，高地価に見合った収益を得ようとして高層化がすすむ．しかし，実際はそれほど単純ではなく，国・地域によって高層化の特徴に違いがみられる．ここでは，日本の都市景観を高層化の観点から考えることにする．まず，アメリカ，ヨーロッパとの比較から日本の大都市の景観を考える（図2-2）．

アメリカの都市は，都心に高層建築物が集積する一方で，周辺部にいくと一戸建て住宅中心の低層建築物が広範囲に広がるのが特徴である．これに対しヨーロッパでは，近代以前からの歴史的建造物が都心に残っており，これらを保存したり景観に配慮するために高層建築物を規制しているところが多い．

日本の大都市では，都心であっても中低層建築物中心の時代が長らく続き，高層建築物は少なかった．地震の多い国であることから，長い間高さに関する規制が設けられてきたことが関係している．しかし，建築技術の発達により高層建築物の建設が可能になってきたことから，高層建築物が徐々にみられるようになってきた．1990年代以降の都市再開発により，それま

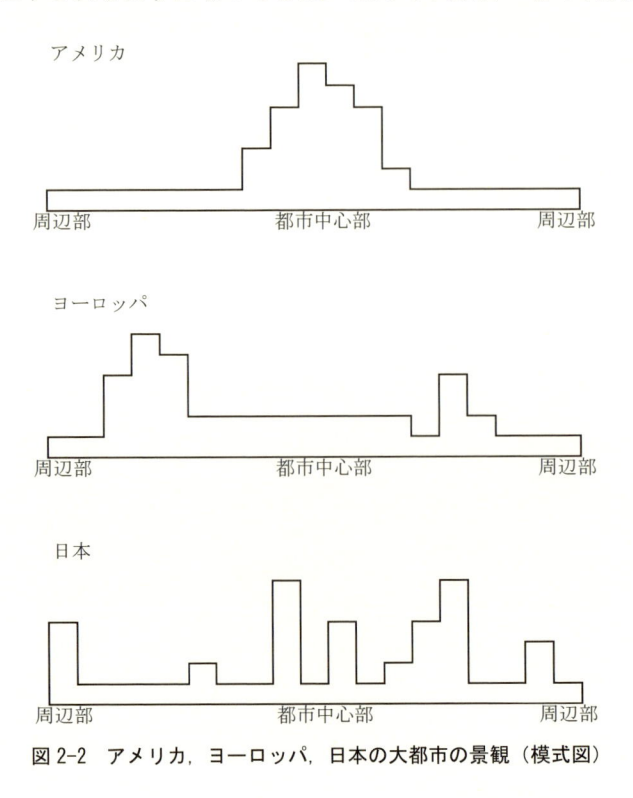

図2-2　アメリカ，ヨーロッパ，日本の大都市の景観（模式図）

図 2-3 低くそろった御堂筋のビル群（大阪市）

図 2-4 岐阜市川原町の古い町並み

で低層の木造住宅群だった都心の一角が超高層ビルに建て替えられていくようになった．その一方で，再開発が実施されていない地区では低層建築物が残っているため，都心の中でも高層建築物と低層建築物が混在するのが日本の特徴となっている．また，オフィスなどの需要が大きい都心において高さ規制がなされると，ほとんどの建築物がその規制ぎりぎりまで高くしようとするため，同じ高さの建築物が連続することがある（図 2-3）．

　地方の中小都市の場合，戦後の画一的な商店街整備や駅前整備の結果，あまり特徴のない都市景観となってしまったところも少なくない．しかし，寺社の門前町，宿場町，城下町などの名残が残っている都市では，町並みの保全や復元を通して独特の景観が維持されている（図 2-4）．産業の空洞化がすすみ，観光が地方都市の主要産業となる中，景観は観光資源としても重要になりつつある．

4. 都市の内部構造

a. 多様な都心機能

　一般に都心には，さまざまな業種のオフィスが集積しており，都市の規模が大きくなるほど，それらのオフィスは機能的に分化していく傾向がある．特に，特徴的な機能分化がみられるのが卸売業である．卸売業の中でも，工場や倉庫と関係が深い部門は，工場や倉庫に近接して立

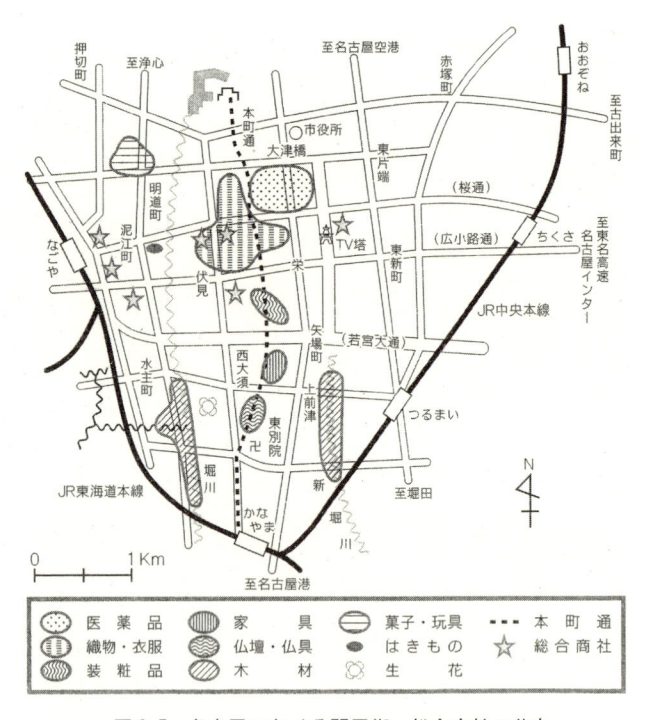

図 2-5　名古屋における問屋街・総合商社の分布
（名古屋都市産業振興公社『産業の名古屋』名古屋市市民経済局，2005 年）

図 2-6　名古屋市明道町の菓子問屋

図 2-7 都心の繁華街（大阪市の北新地）

地するが（7章），オフィス部門は都心に立地する傾向がある．これらの中には，伝統的な問屋街を形成しているところも多い．

図 2-5 は，名古屋の都心における問屋街と総合商社の分布を示したものである．総合商社のように規模が大きいものは，名古屋駅前など一等地を指向する．一方で，菓子・玩具，医薬品，木材など特色ある問屋街は，都心の中でも一等地からやや離れた地区に形成されている（図 2-5，図 2-6）．また，伝統的に河川を交通手段として利用してきた木材問屋は，現在も堀川，新堀川といった河川沿いに集積している．

都心は，オフィスだけでなく，商業や飲食店などの集積も顕著である．大都市の都心というと，百貨店など大型商業施設の存在が目立つが（4章），都心には多様な消費需要が存在するため，小規模な商店や飲食店の立地も顕著である．それらが密集して繁華街が形成されているのも都心の特徴である（図 2-7）．

b．インナーシティ問題

都心を取り巻く地区には，かつては工場，倉庫が立地し，都市の生産活動の中心的な役割を果たしていた．同時に，工場，倉庫で働く労働者の住宅も密集して形成された．しかし，脱工業化がすすむにつれ，工場，倉庫の多くは閉鎖されていった．こうした地区はインナーシティと呼ばれることがある（図 2-8）．都心は，活発な経済活動が行われる場であり，オフィスなどの都市再開発が盛んに実施されてきた．また，都市の外縁部にあたる郊外では，主に住宅地としての開発が盛んに行われてきた．この都心と郊外に挟まれた地区がインナーシティであり，オフィスとしての開発も住宅地としての開発も行われることが少ない．使われていない工場，倉庫や，密集した木造住宅が残された衰退地区になっているところも多い．こうした都心周辺部において発生する問題を，インナーシティ問題と呼ぶ．

近年，インナーシティの再生がすすみつつある．インナーシティは，都心への近接性が高い割に地価が安い．こうした条件が評価されるようになり，若い人々が流入してきて独創的なビ

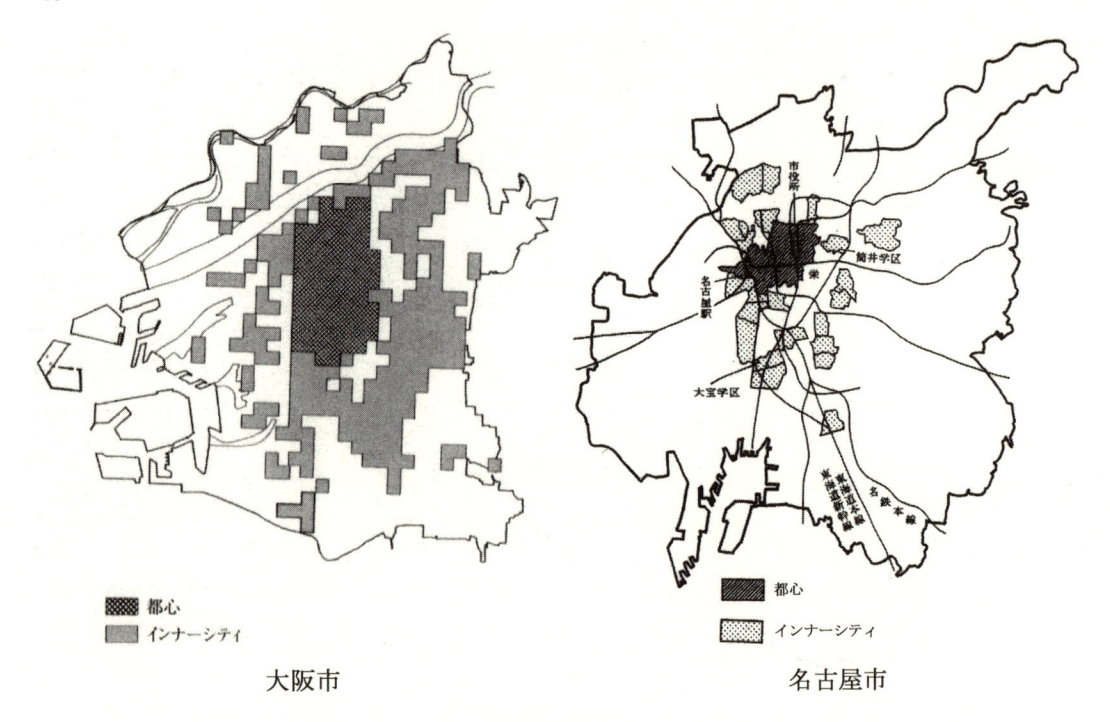

図 2-8　都心とインナーシティ
(名古屋市の図は大都市企画主管者会議編『大都市のインナーシティ』, 1982 年. 大阪市の図は生田真人『関西圏の地域主義と都市再編』ミネルヴァ書房, 2008 年. ただし原図は名古屋市と同様)

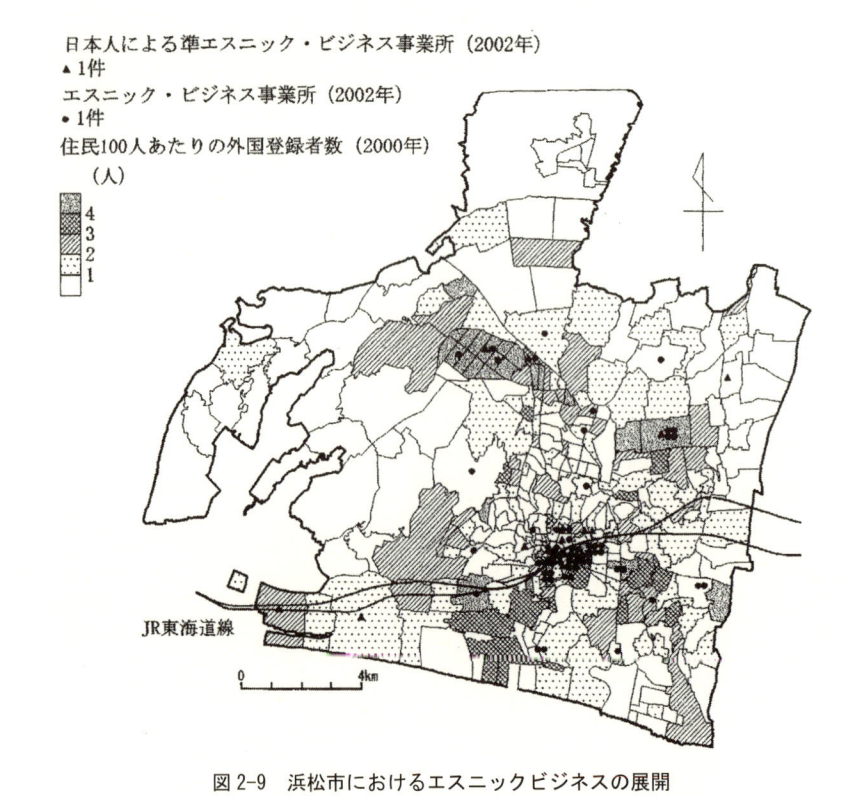

図 2-9　浜松市におけるエスニックビジネスの展開
(片岡博美「浜松市におけるエスニック・ビジネスの成立・展開と地域社会」『経済地理学年報』50-1, 2004 年)

ジネスを立ち上げるなどの事例もみられるようになってきた．また，外国人にとってもこの条件は魅力的であり，エスニックビジネスが展開されるようになった地域もある（図2-9）．

5．中心市街地の衰退と居住

中心市街地は，その都市の発展の起源となっていることが多く，都市の顔でもある．中心市街地というと，商店街をイメージしがちであるが，それは中心市街地の一部にすぎない．戦前から1950年代頃の中心市街地は，商店街などの商業機能だけでなく，多くの居住人口も抱えていた．商店街の店主は職住一体的な生活をしており，従業員も住み込みで働いたり，商店近くに居住することが多かった．中心市街地のオフィスなどで働く人々も，中心市街地内に居住することが多かった．こうした居住人口が商店街の顧客でもあったため，商店街は繁栄した．

しかし，モータリゼーションの進展にともない，多くの人々が中心市街地を離れ郊外に居住するようになった．郊外住民は，駐車場の整備されていない中心市街地の利用を敬遠し，代わって郊外のロードサイド店や駐車場付きの大型総合スーパーを利用するようになった．これにより，商店街の不振がすすむようになったとされる．

商店街の不振の要因は，ロードサイド店や大型総合スーパーの郊外立地による面だけではない．商店街に土地建物を所有する人々ですら，住居を郊外に移し中心市街地に「通勤」したり，

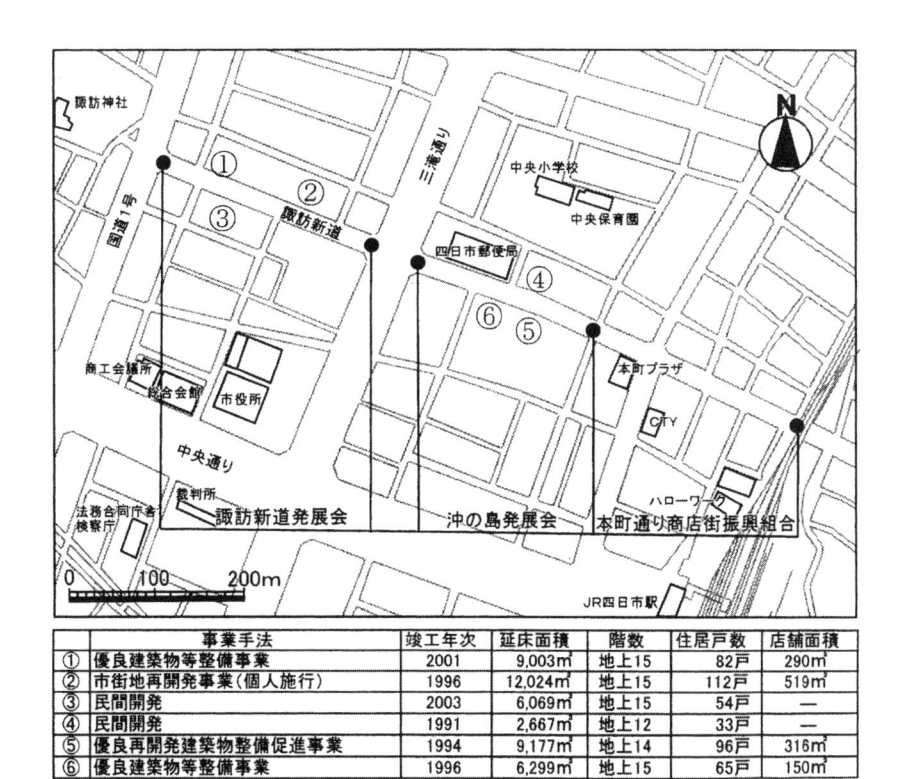

	事業手法	竣工年次	延床面積	階数	住居戸数	店舗面積
①	優良建築物等整備事業	2001	9,003m²	地上15	82戸	290m²
②	市街地再開発事業（個人施行）	1996	12,024m²	地上15	112戸	519m²
③	民間開発	2003	6,069m²	地上15	54戸	―
④	民間開発	1991	2,667m²	地上12	33戸	―
⑤	優良再開発建築物整備促進事業	1994	9,177m²	地上14	96戸	316m²
⑥	優良建築物等整備事業	1996	6,299m²	地上15	65戸	150m²

図2-10　四日市市中心部のマンション立地
（大塚俊幸「マンション立地に伴う中心商業地縁辺部の再生過程」『経済地理学年報』50-2，2004年）

商店街に所有する建物を貸店舗にするようになった．特に後者は，商店街の実情に無関心になる所有者を増加させたと言われている．さらに，親から事業を引き継げば相続税が軽減される制度により，子ども世代が時代に合わせて事業形態を変更することが困難であったことも挙げられる．

　こうした商店街の衰退に対し，商店街だけの問題ではなく中心市街地全体の問題と捉える必要性が高まっている．中心市街地活性化法(4章)は，この点を重視したものである．先述の通り，商店街が繁栄していた時代には，中心市街地に多くの居住者が存在しており，その人々が商店街の繁栄を支えていたといえる．居住者が減少した現在，商業機能の充実のみを訴えるだけでは商店街の復活はない．中心市街地に居住機能を充実させることが，中心市街地再生の現実的な方法でもある．すでに，一部の中心市街地では，地権者や行政の積極的な関与により，マンション建設が活発化している（図2-10）．一方で，中心市街地への巨大なマンションの立地は，地域住民の生活環境に負の影響を与えるとの懸念もある．こうした際には，都市計画法に定められている「地区計画」制度などを活用しつつ，居住機能の充実とのバランスを保っていくことが必要となる．

3章　郊外と大都市圏

1．戦前の郊外化

　2章では，都市について述べたが，20世紀後半における日本の人口増加の大部分は，都市の郊外によって占められていた．これにより，大都市と郊外から成る大都市圏が成立した．この章では，郊外の形成から現状に至るまでの変容を考える．はじめに，郊外の形成期である戦前について述べる．

　20世紀初頭の日本の大都市では，工業化が顕著にすすんだ．現在とは違って，工業が人口

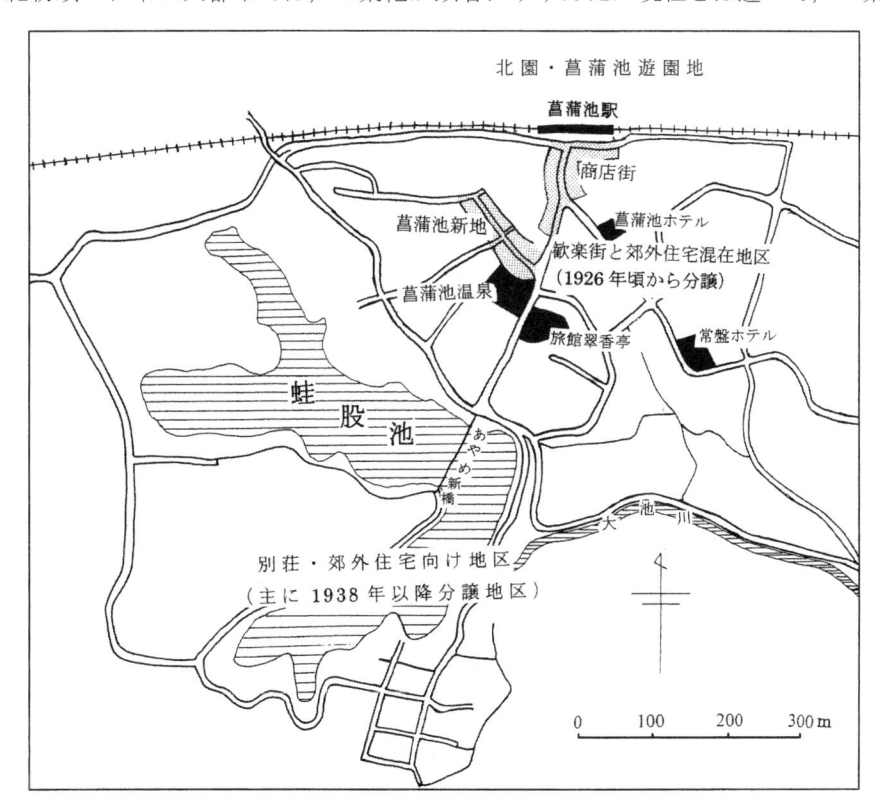

図3-1　大阪電気軌道（現・近鉄奈良線）による戦前期の菖蒲池南園開発の概要
（中島大輔「私鉄による戦前期開発地域の変容」『立命館地理学』13, 2001年）

を吸引する要素であった．人口が集中した大都市では，工業化による発展と引きかえにさまざまな問題を抱えるようになった．工場からの煤煙，水質汚濁，悪臭などがその代表例である．大都市の生活環境が著しく悪化していく中，一部の人々が生活の場を郊外に移すようになった．初期の郊外居住は，企業経営者など，自前で邸宅を建てることが可能な富裕層に限定されていた．

こうした状況を大きく変えたのが，私鉄による沿線開発であった．国鉄が東京，名古屋，大阪などの大都市間，各地方間を結んでいたのに対し，大都市の私鉄は，大都市と郊外を結ぶ形で開業した．開業初期である20世紀初頭には，私鉄の沿線には居住人口が少ないことが多かったため，私鉄自ら沿線開発を行うことにより，乗客となり得る沿線人口を増やしていった．大阪の箕面有馬電気軌道（現・阪急宝塚線）が行った郊外開発は，大都市の私鉄のビジネスモデルにもなった．箕面有馬電気軌道は，大都市のターミナル駅にデパート，沿線に住宅地，郊外側の終点に娯楽施設を建設する総合的な郊外開発を展開した．後に，他の私鉄も同様の戦略をとるようになった（図3-1）．

私鉄では，郊外居住を促進するため，当時としては画期的な割賦払いの分譲方式を採用したり，一定期間の定期券を無料にするなどのサービスを実施した．これにより，郊外居住の可能性が，企業経営者だけでなくホワイトカラー就業者にまで広がっていった．ただし，この当時のホワイトカラーは現在のそれとはまったく異なることに注意が必要である．当時の日本では，農業従事者やブルーカラー（生産，労務職）が中心であり，ホワイトカラーに従事する人はきわめて少なかった．いわば当時のエリートに相当し，所得も高かった．郊外居住の可能性が広がったとはいえ，戦前の郊外は，特定の人々に限定された空間であった．対照的に，工場で働く労働者は，大都市の劣悪な環境の中で生活せざるを得なかった．

2．戦後の郊外化

戦後の高度経済成長期頃に始まった郊外居住の特徴は，特定の人々ではなく，大衆レベルでもすすんだことである．戦後の復興とともに大都市への産業集中が始まると，地方から大都市へ多くの若者が労働力として移動していった．大都市に集積した人々はその後結婚し，広い住宅スペースを郊外に求めた．このように大規模に生じた郊外移動は，戦前のような特定の人々に限定された郊外から，大衆レベルの郊外へと大きく性格を変えることになった．

人々の住宅取得までの流れを，住宅双六という呼び方で表すことがある．これは，間借り，ワンルームアパート→やや広い賃貸住宅→一戸建て住宅へと居住形態を変えていくことを双六に例えたものである．大都市の間借り，ワンルームアパートが双六の「振り出し」であり，「あがり」は郊外での一戸建て住宅の取得である．双六で「あがった」人がゲーム終了であるのと同じく，住宅双六の「あがり」である一戸建て住宅取得後に住居を変更することはあまりない．一戸建て住宅取得を人生のゴールとする考え方は，1970年代に定着したといえる．

この時期に，結婚して新たに広いスペースの住居を求めた人々に用意されたのが，日本住宅

図 3-2　日本住宅公団（現・都市再生機構）の「団地」（平城ニュータウン）

図 3-3　高蔵寺ニュータウンの概要図
（福原正弘『ニュータウンは今－40年目の夢と現実』東京新聞出版局，1998年）

公団（現・都市再生機構）による「団地」であった（図3-2）．4～5階建ての鉄筋コンクリート造りで，ダイニングキッチン，ステンレス流し台などが備え付けられていた団地は，当時としては画期的なものであり，入居倍率が非常に高かったという．抽選に外れた人々は，民間の

賃貸住宅に入居することになったが，民間の住宅建設も活発化していた時代であった．

公団の団地，民間賃貸住宅いずれの居住者も，最終的には一戸建て住宅を取得していくことが一般化していった．一戸建て住宅取得が容易になった背景には，住宅金融公庫法など持家取得を支援するための制度が整ったこと，民間金融機関における消費者向け融資が本格化したこと，社宅整備から持家取得の奨励へと企業の住宅政策がシフトしたことなどがあった．

郊外における住宅地開発の象徴として，ニュータウン開発が挙げられる．ここでいうニュータウンとは，住宅地に特化したもので，特に自治体，公団，公社など公的部門によって開発された大規模住宅地を指す．典型的なものは，東京圏の多摩ニュータウン，大阪圏の千里ニュータウン，名古屋圏の高蔵寺ニュータウンなどである．1960年代から1970年代初頭にかけて完成したこれらのニュータウンでは，公営住宅，公団住宅を中心とする中高層団地，一戸建て住宅地，商業施設，医療施設，教育施設，公園などが計画的に配置された（図3-3）．

3．大都市圏の定義

大都市の職場に勤務していた人々（特に男性）の多くは，郊外に住居を移した後も大都市での就業を継続した．このため，郊外居住がすすめばすすむほど，郊外から大都市への通勤者も増加するようになった．この結果，1960年代から1970年代には，「大都市（中心都市）＝就業地，郊外＝居住地」という構造が顕著になっていった．大都市圏とは，就業機能が卓越する中心都市と，居住機能が卓越する郊外から成る地域を指す．

大都市圏の構造を把握する指標として，通勤率がある．これは，郊外が中心都市に対して就業の面でどの程度依存しているのかをみるためのものである．大都市への通勤率の定義は，研究者や機関によって異なる．総務省統計局では，東京都特別区と政令指定都市を中心市（＝中心都市）とし，周辺市町村（＝郊外）を，中心市への15歳以上通勤・通学者数の割合が該当市町村居住人口の1.5％以上あり，かつ中心市と連接している市町村としている．ただし，ここで採用される郊外の基準はかなり緩やかであり，東京大都市圏（総務省統計局では「関東大都市圏」）であれば群馬県，栃木県，山梨県の一部，京阪神大都市圏（総務省統計局では「近畿大都市圏」）

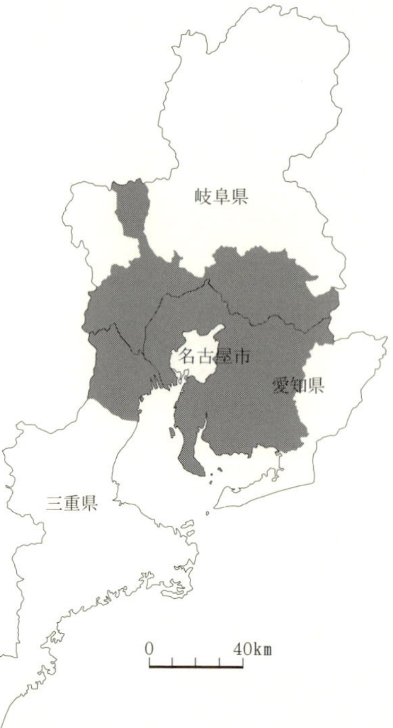

図3-4 総務省統計局による名古屋大都市圏の範囲（2010年）
総務省統計局の定義では，名古屋市への15歳以上通勤・通学者数の割合が該当市町村居住人口の1.5％以上あり，かつ名古屋市と連接している市町村．
総務省統計局では名古屋大都市圏を「中京大都市圏」と呼んでいる．

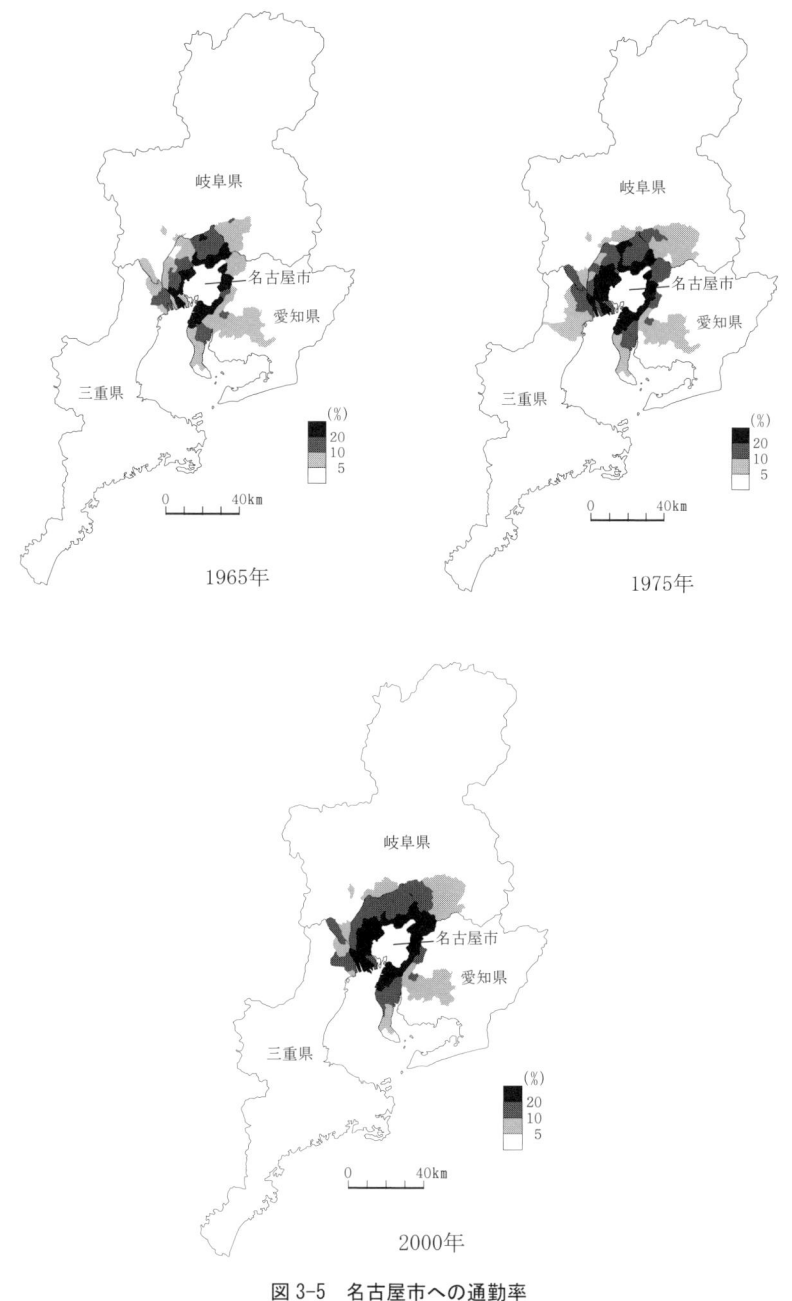

図 3-5 名古屋市への通勤率
ここでの通勤率とは，各市町村居住就業者に占める名古屋市への15歳以上通勤者の割合．(『国勢調査』をもとに作成)

であれば滋賀県北部，京都府山間部の一部，名古屋大都市圏（総務省統計局では「中京大都市圏」）であれば岐阜県，三重県山間部の一部や知多半島全域を含んでいる（図3-4）．

通勤流動による中心都市との密接な結びつきという点からは，郊外をもう少し狭い範囲で考えることが必要となる．研究者の定義では，郊外を，当該市町村居住就業者に占める中心都市への15歳以上通勤者の割合とすることが多く，その最低ラインは5％，10％，20％などさま

ざまである．

　この定義によって名古屋市への通勤率の範囲を示したのが図3-5である．郊外への居住地移動が顕著であった1965年から1975年にかけては，名古屋市への通勤圏の拡大も顕著であったことがわかる．大都市圏の広がりは，単純な同心円ではなく，特定の方向性を持っている．これは，交通条件や住宅適地の有無などの地域的差違を反映している部分が大きい．また，中心都市からの距離が同じでも，近くに規模の大きい都市が存在すれば，その都市への通勤者も多くなるため，結果として中心都市への通勤率は低下する．

4．郊外の雇用成長と大都市圏の構造変容

　1960年代から1970年代に居住地としての性格を強めてきた郊外は，徐々に就業地としての性格も有するようになっていった．もともとの大都市圏構造は「大都市（中心都市）＝就業地，郊外＝居住地」であったので，こうした変化は大都市圏の構造変容と呼ばれる．

　人口が増加すれば，その分消費やサービスの需要も増大する．人口の郊外化が始まった当初は，郊外における商業，サービス業の立地が不十分であり，大都市の諸施設を利用せざるを得なかった．その後，それらの施設が立地しうるだけの人口規模を郊外が持つようになると，商業施設やサービス施設の郊外立地がすすむようになった．また，高速道路網が整備されるにしたがい，大都市にあった工場や物流施設が，車でのアクセスが容易で広いスペースを有する場所を求めて郊外へ移転してきた．郊外に立地するようになった商業施設，サービス施設，工場，物流施設などでは，多くの労働者が就業している．こうして，郊外における雇用の増加がすすむようになった．

　以上のような郊外の各施設で就業する人々の多くは，ブルーカラー，グレーカラーなどのいわゆる現業部門に従事する人々であった．1980年代に入ると，専門・技術職，管理職，事務職などのホワイトカラー就業者も郊外において急増した．ホワイトカラー就業者の職場の典型はオフィス（事務所）であるため，ホワイトカラー就業者の増加はオフィスの増加をもたらす．

　オフィスには，顧客との対面接触を重視する部門と，事務処理などが中心で対面接触が不要の部門がある．以前は，両者ともに都心に集中していたが，情報通信技術の発達により，事務処理部門を郊外に立地させ，情報通信機器を介して都心のオフィスとスムーズな情報伝達を行うことが可能になった．こうすることで，都心の高地価負担を軽減することができる．こうしたオフィスの郊外化は，バブル経済期の都心における地価急騰により活発化した．郊外のオフィス地区の典型的な例として，横浜市の「みなとみらい」，千葉市の「幕張新都心」，さいたま市の「さいたま新都心」が挙げられ，本社機能を含めた大規模オフィス群が立地するようになった（図3-6, 図3-7）．高度経済成長期に建設された東京都心の多くのオフィスビルとは対照的に，郊外に誕生したオフィスビルは，最新の情報通信機器に対応している．こうした点も，オフィスの郊外化を後押しした．

　しかし，バブル経済の崩壊以降，オフィスの都心回帰が始まった．この背景には，都心の地

図 3-6 幕張新都心の土地利用と立地施設
（富田和暁・藤井正編『新版　図説大都市圏』古今書院，2010 年，に加筆）

図 3-7 幕張新都心のオフィス群

価が下落し始めたことにより，バブル経済期には入居が困難であった都心のオフィスへの入居が容易になったことがある．また，1990年代末からの再開発によって誕生した都心のオフィスビル群は，当然のことながら情報通信機器の導入を前提としているため，郊外のオフィスビル群の優位性は大いに揺らぐこととなった．情報通信機器の小型化がすすみ，オフィススペースを抑えることが可能になったことも，オフィスの都心回帰に拍車をかけた．

5. 郊外の現在とこれから

　人口の郊外化がすすむのにともない，郊外から中心都市への通勤者，通勤率も増加，上昇していった．しかし，1970年代後半からそうした状況に変化が生じた．大阪大都市圏の郊外都市である奈良市を例にとると（図3-8），大阪市への通勤率は，1975年を境に急速に低下して

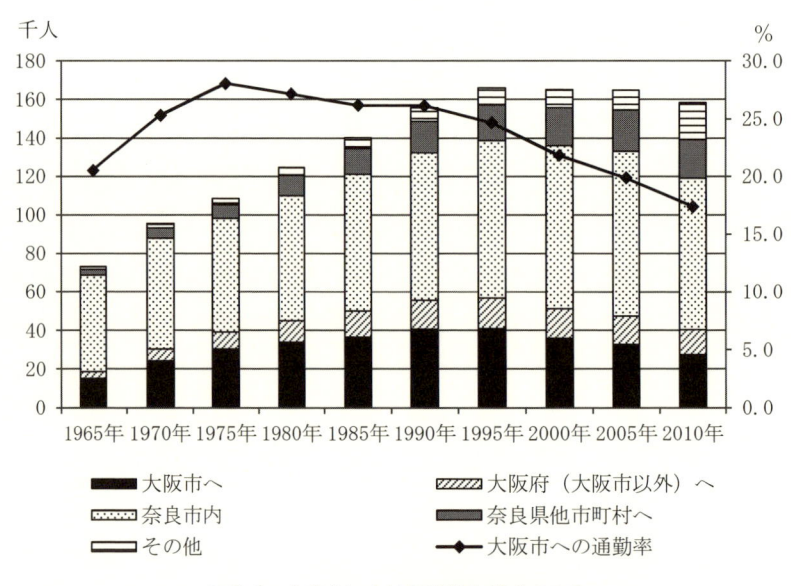

図 3-8　奈良市における通勤先構成の変化
（『国勢調査』をもとに作成）

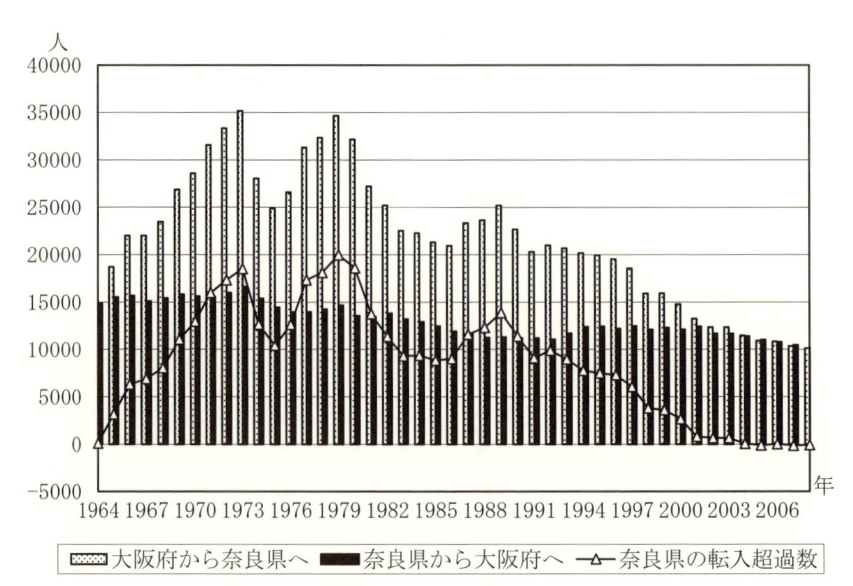

図 3-9　奈良県と大阪府の人口移動
（『住民基本台帳人口移動報告年報』をもとに作成）

表 3-1 高蔵寺ニュータウン藤山台地区における高齢者比率

	高齢者比率	人口	特徴
1丁目	6.4%	1,621 人	公団賃貸と分譲
2丁目	8.3%	834 人	公団分譲その他
3丁目	5.7%	4,091 人	大部分公団賃貸
4丁目	3.9%	2,645 人	すべて公団賃貸
5丁目	16.6%	469 人	大部分一戸建て
6丁目	17.8%	241 人	大部分一戸建て
7丁目	8.0%	452 人	大部分一戸建て
8丁目	13.1%	703 人	大部分一戸建て
9丁目	13.8%	520 人	大部分一戸建て
10丁目	16.3%	853 人	大部分一戸建て
合計	7.7%	12,429 人	

(福原正弘『ニュータウンは今－40年目の夢と現実』東京新聞出版局，1998年，をもとに作成)

きた．これは，雇用の増加がすすんだ郊外地域内部（大阪市以外の大阪府市町村や奈良県内など）に通勤する人が増えたために，相対的に大阪市への通勤率が下がったと解釈できる．

さらに，1995年以降は，大阪市への通勤率だけでなく，大阪市への通勤者の実数も減少するようになった．この背景には，1960年代から1970年代に郊外に住宅を求めて流入した世帯のうち，中心都市に通勤していた男性（世帯主）が，退職年齢に到達したことがある．この世代は人口規模が大きい世代であり，しかも同じ時期（30歳前後）に郊外に住宅を取得したため，退職時期も似通っている．この結果，大阪市への通勤者の減少も短期間に急激にすすむことになる．こうしたことにより，2010年の大阪市への通勤率は約17％と，人口の郊外化初期に相当する1965年のそれを下回る状況となっている．

これまで郊外は，大都市からの人口受け入れ地域として機能していた．しかし，近年は，これとは逆の現象が生じている．図3-9は，大阪大都市圏の中心部にあたる大阪府と，郊外にあたる奈良県の間の人口移動の推移を示したものである．1970年代には，住宅を求めて中心部から郊外へ引っ越してくる人々が多かったため，大阪府から奈良県への居住地移動が卓越していた．しかし現在は，奈良県から大阪府への居住地移動がその逆を上回っている．

1970年代に郊外へ移動した人々の多くは，先に述べた住宅双六に沿うように，一戸建て住宅を取得した後その地に定住した．そのため，年齢を重ねた彼（彼女）らは，現在では高齢者となっている．表3-1をみると，住民の入れ替えが頻繁に起こる賃貸住宅地区は高齢者比率が低く，一戸建て住宅が卓越する地区ではその比率が高い点が明瞭である．高齢化は地方圏の過疎地の問題と考えられがちであるが，確実に郊外でも進行している．そして今後も郊外の高齢化はすすむと考えられる．

高齢化そのものは必ずしも問題ではなく，現在の郊外の構造が高齢化に対応していないことが問題である．郊外は，モータリゼーションを前提として成長してきた側面が強く，郊外内部の移動は車が不可欠である．車での来店を期待したロードサイド店や大規模小売店が，相次いで郊外に建設されていった．こうしたモータリゼーションの恩恵を受けてきたのが郊外居住者

であった．

　しかし，高齢化がすすむにつれ，車を運転することが困難な郊外居住者が増加し始めている．車が運転できないとなると，大規模小売店などへ買い物に通うことが困難になる．大規模小売店の利用が困難であれば，代わりに居住地付近にある小規模スーパーや零細小売店などの利用が考えられる．ニュータウン内であれば，ニュータウン建設当初に計画的に配置された近隣センターの利用が考えられる．

　しかし，これらの施設の中には，ロードサイド店や大規模小売店との競合に敗れ，既に閉鎖されたり縮小されてしまったところが多い．郊外居住者のこれまでの購買行動（ロードサイド店，大規模小売店などの利用）が，皮肉にも郊外居住者の今後の生活利便性の低下を引き起こしてしまったことになる．

　こうした状況に対し，郊外再生の試みもみられるようになった．1960年代から1970年代に造られたニュータウンの中には，空き店舗となった近隣センターや廃校となった公立学校の再利用，集合住宅の建て替え，住民，事業者，行政，NPOなど協働によるまちづくりの実践などを行うようになったところもある．公的部門だけでは思うように再生がすすまない場合は，民間活力も導入されつつある．高度経済成長期に合わせるように成長してきた郊外は，まさに今大きな転換期にある．

4章　小売業

1. 小売業の特性と立地

　小売業で扱う商品は，大きく最寄品と買回品に分けられる．最寄品とは，比較的安価で，日常的に購買頻度の高い商品を指す．例として日用雑貨，生鮮食料品，下着・肌着などが挙げられる．買回品とは，単価が高く，日常的な購買頻度の低い商品であり，いざ購入する際には複数の店舗を見て回り品定めをすることが一般的である．例として家具や高級服が挙げられる．

　最寄品の購入に交通費をかけることは経済的ではなく，消費者は自宅から近い店舗で最寄品を購入することが多い．このため，最寄品を中心に扱う店舗は，居住人口に対応するように立地することが一般的であり，商圏も狭い．一方，買回品の場合，商品単価が高く，交通費を負担するデメリットが抑えられるため，商圏は広くなる．広範囲から消費者を吸引することができるのは都市の中心部であることから，買回品を扱う店舗は大都市，地方中心都市などの中心部に集中する．コンビニエンスストア（以下，「コンビニ」）が住宅地の中に多く立地し（図4-1），百貨店が都心に立地する傾向が強い（図4-2）のは，上記のような最寄品と買回品の特性を反映しているためである．

2. 小売業と卸売業の関係変化

　消費者は，メーカー（生産者）から直接商品を購入することは少なく，小売業者から購入するのが一般的である．では，小売業者はどうか．小売業者も生産者と直接取引するよりも，間に卸売業者が介在することが多い（図4-3）．小売業者の規模が小さかった時代は，各々の小売業者が自力で商品を生産者から調達することは困難であったため，生産者から商品を調達し小売業者に卸す卸売業者の重要性は高かった．

　1960年代に，大量仕入れ，大量販売を行う総合スーパーチェーンが成長した．小売業者の大規模化は，生産者と直接取引したり，卸売業者を選別することを通じて卸売業者の衰退をもたらしうる．しかし，当時の総合スーパーは，卸売業者との関係の再構築よりも出店拡大を優先したため，本格的な卸売業者の衰退は起こらなかった．

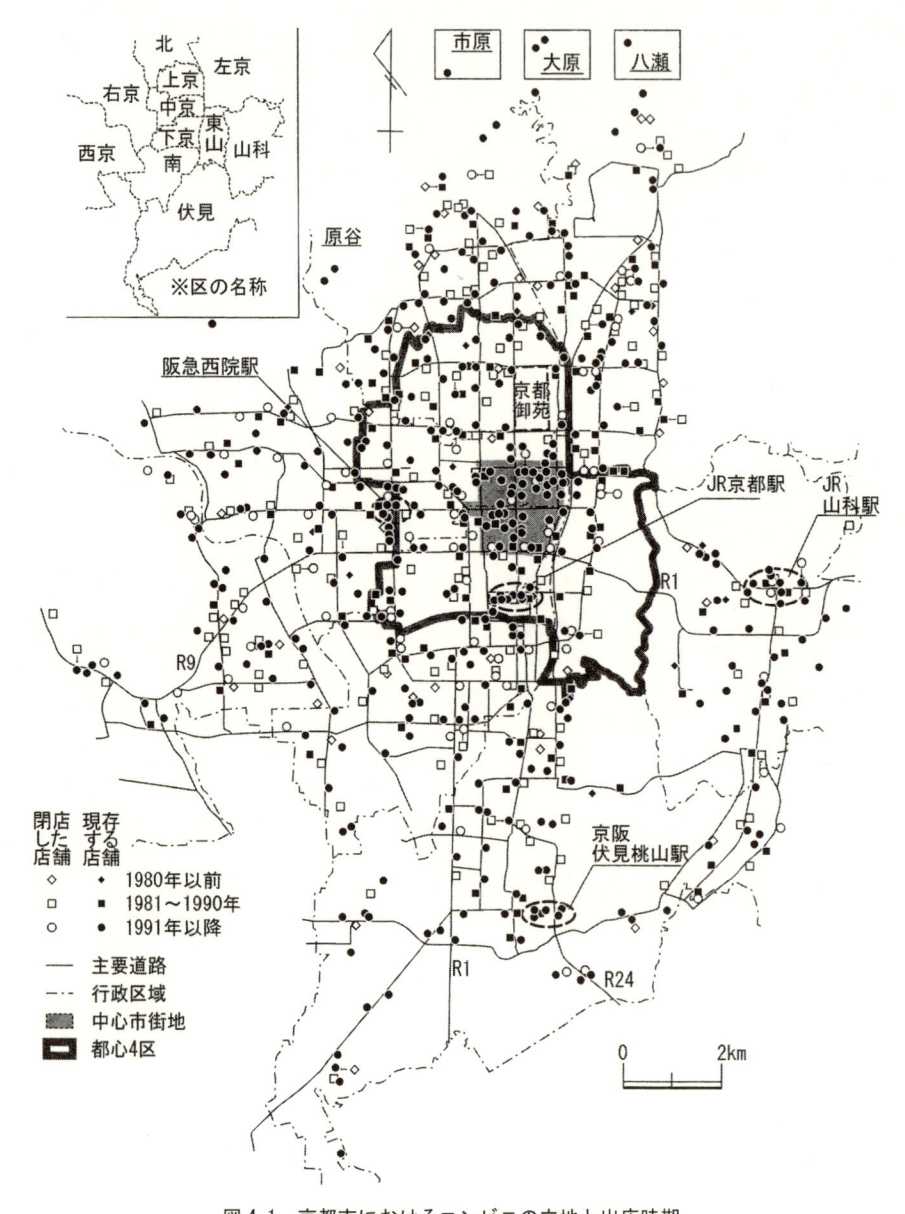

図 4-1　京都市におけるコンビニの立地と出店時期
・図中の矢印は，同じ立地地点で新たなコンビニが立地したことを示している．
（荒井良雄・箸本健二編『日本の流通と都市空間』古今書院，2004 年）

　小売業者と卸売業者の関係が大きく変化したのは，1990 年代頃からである．後述する大店法の規制緩和により，総合スーパーをはじめとする小売チェーンはさらなる多店舗展開をすすめ，卸売業者との取引関係において有利な立場に立つようになってきた．また，消費の多様化により，卸売業者との関係を再構築する必要性に迫られてきた．これを後押ししたのが情報化の進展である．仕入れ，販売，在庫などを高度な情報システムにより管理することが可能になり，物流部門における卸売業者への依存傾向は弱まった．近年は，小売チェーン自らが自社物流センターを設置するなどして，独自の物流システムを構築するようになっている（図 4-4）．

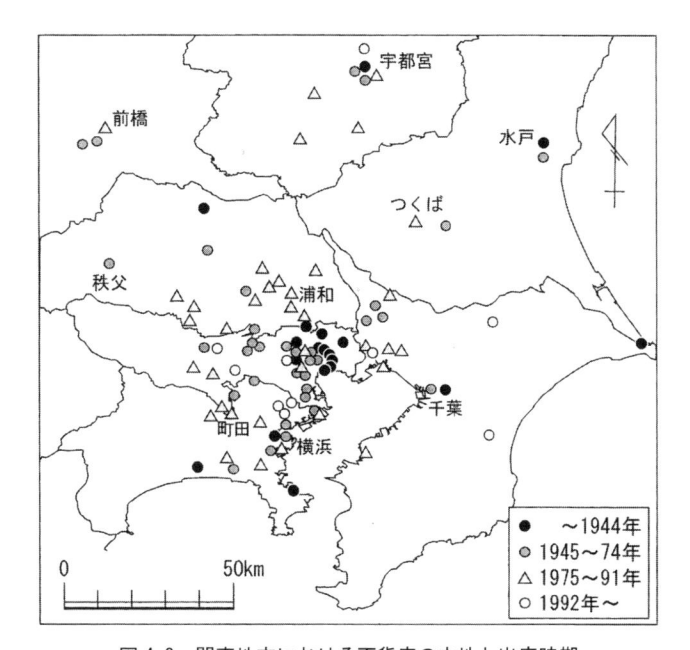

図 4-2　関東地方における百貨店の立地と出店時期
（荒井良雄・箸本健二編『日本の流通と都市空間』古今書院，2004 年）

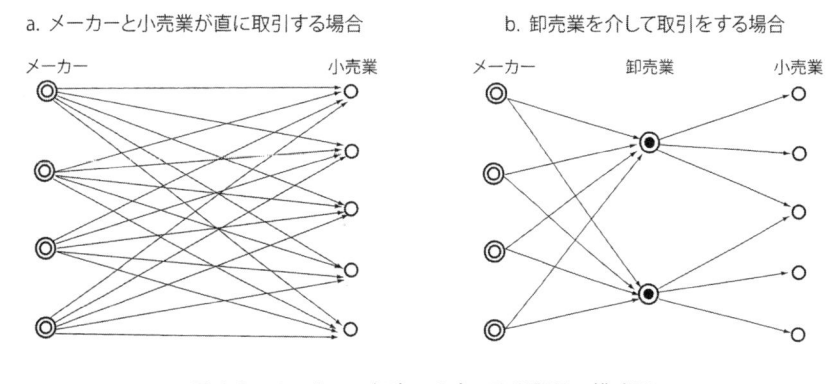

図 4-3　メーカー，卸売，小売の取引関係の模式図
（林上『都市と経済の地理学』原書房，2013 年）

　このように，伝統的な卸売と小売の関係は大きく変わりつつある．1990 年代における卸売業と小売業の状況を示した表 4-1 によると，1990 年代に大規模小売業が成長する一方で，そうした小売業と取引してきたであろう大規模卸売業は減少している．小売チェーンの情報システム，物流システムに対応できない卸売業者が淘汰されている状況を推察することができる．

3．小売業の立地変化

　小売業では，各時代によって主流となる業態が変化してきたとともに，立地パターンも大きく変化してきた．また，小売業の立地は，各時代の社会経済状況，地域構造などの条件のほか，法的規制のあり方によっても変化する．以下では，これまでの日本の小売業の立地について，

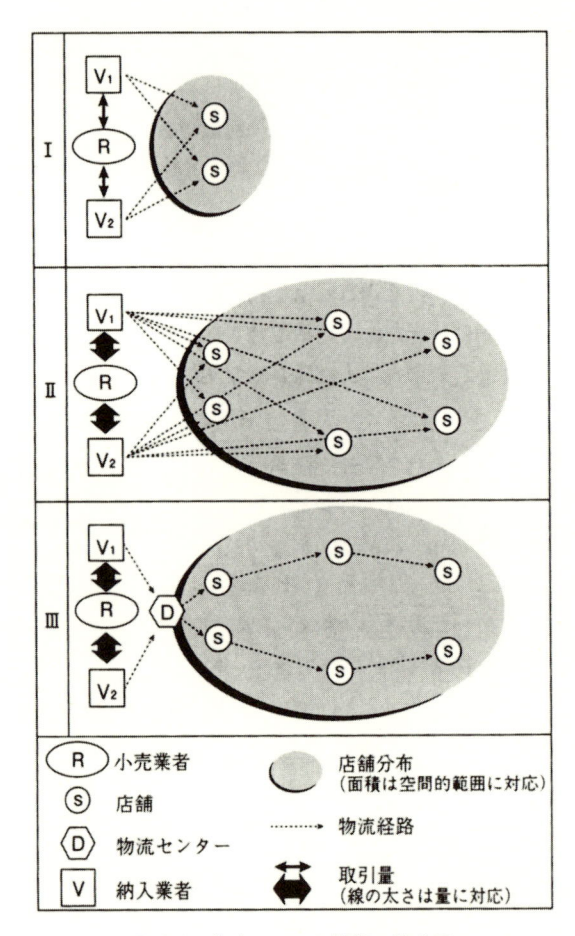

図 4-4 物流システム構築の模式図
（荒井良雄・箸本健二編『流通空間の再構築』古今書院，2007 年）

いくつかの法的規制との関連で整理する．

a．百貨店法と商店街

　戦前は，中小小売業者が集積する商店街と，都心に店を構える百貨店が中心の時代であった．商店街には，主要な街道に沿って中小小売業者が集積立地したもの，工場や鉄道の立地，敷設にともなうもの，寺社の門前町として発展したものなどさまざまなパターンがある．一方，百貨店は，呉服店の三越が 1904 年にデパートメントストア宣言をしたことに始まるとされる．当初は呉服店時代からの高級路線をとっていたが，大正，昭和前期にかけては，徐々に拡大，成長をはかるべく大衆化路線をとるようになっていった．

　戦前の百貨店は，東京，大阪，名古屋などの大都市や，地方の規模の大きい都市などに立地する程度であったが（図 4-5），これら百貨店が立地する地域では，商店街との間に立地をめぐる対立が生じた．こうした中で，大型店を規制する法律である百貨店法が 1937 年に成立した（第一次百貨店法）．これは，日本最初の大型店規制法に該当するが，日中戦争以降の戦時体制により適用そのものが十分になされず，1947 年に廃止となった．

表4-1 卸売業と小売業における従業員規模別店舗数および販売額の推移

小売業

従業員数	商店数（店） 1994年	2002年	商店数増減率	年間販売額（10億円） 1994年	2002年	販売額増減率
1～2人	764,771	587,594	-23.2%	13,332	8,156	-38.8%
3～4人	370,942	299,441	-19.3%	20,054	13,049	-34.9%
5～9人	222,548	225,468	1.3%	28,997	24,260	-16.3%
10～19人	89,618	119,117	32.9%	23,819	26,776	12.4%
20～29人	26,337	34,098	29.5%	12,163	12,721	4.6%
30～49人	15,655	18,799	20.1%	11,719	11,868	1.3%
50～99人	7,191	10,862	51.0%	9,998	13,210	32.1%
100人～	2,861	4,678	63.5%	23,213	25,071	8.0%
計	1,499,923	1,300,057	-13.3%	143,295	135,110	-5.7%

卸売業

従業員数	商店数（店） 1994年	2002年	商店数増減率	年間販売額（10億円） 1994年	2002年	販売額増減率
1～2人	90,382	80,474	-11.0%	6,595	5,177	-21.5%
3～4人	103,004	87,744	-14.8%	19,413	15,258	-21.4%
5～9人	120,148	106,839	-11.1%	54,115	44,563	-17.7%
10～19人	67,776	61,410	-9.4%	72,162	60,743	-15.8%
20～29人	21,296	19,022	-10.7%	44,863	38,806	-13.5%
30～49人	14,714	13,101	-11.0%	54,129	44,358	-18.1%
50～99人	8,394	7,560	-9.9%	64,689	52,232	-19.3%
100人～	3,588	3,399	-5.3%	198,351	152,219	-23.3%
計	429,302	379,549	-11.6%	514,317	413,355	-19.6%

（荒井良雄・箸本健二編『日本の流通と都市空間』古今書院，2004年，をもとに作成）

図4-5 大都市に立地する百貨店（広島市）

戦後の復興が始まると，徐々に百貨店も新たな出店を始めるようになった．それにともない，商店街を中心とする中小小売業者からの反発も再び強くなり，1956年に新たな百貨店法（第二次百貨店法）が成立した．この法律では，百貨店業の事業活動を調整することにより，中小商業の事業活動の機会を確保することが目的とされた．ここでの百貨店とは，売場面積が1,500 ㎡以上（当時の6大都市では3,000 ㎡以上）の店舗をもつ物品販売業を指す．百貨店の営業，店舗の新設・増床を行う場合には許可が必要であり，閉店時刻や休業日についても規制がかけられた．なお，この百貨店法では，店舗単位ではなく百貨店の企業単位で規制対象としていた．

b．大店法の制定と規制強化

　百貨店と商店街の対立は，百貨店が大衆化路線にシフトしたこと，それまで立地が少なかった大都市圏の郊外や地方都市にも戦後になってから出店をすすめたこと（図4-2）が背景にある．しかし，大衆化したとはいえ百貨店の扱う商品の中心は買回品であり，商店街の中でも最寄品を扱う中小小売業者にとっては，それほど大きな脅威ではなかった．

　こうした中で，1960年代に急成長を果たしたのが総合スーパーであった．最寄品を多く扱う総合スーパーは，百貨店以上に郊外都市，地方都市の駅前や中心市街地に積極的に進出した（図4-6）．このため，全国の中小小売業者にとって，総合スーパーは直接の脅威となった．現在われわれが知っている大型店に比べればさほど売場面積が大きいとはいえない．しかし，小規模店舗が大半であった当時の駅前や中心市街地において，新たに立地した総合スーパーは，「超大型店」と呼べるほどのものであった．また，大量仕入れ，大量販売を行う総合スーパーに対し，価格で中小小売業者に勝ち目はなかった．

　こうして，中小小売業者からは，総合スーパーの出店規制を求める動きが顕著になってきた．しかし，企業単位で規制対象としていた百貨店法に対し，総合スーパーはフロアごとに別会社をつくるなどして対応したため，百貨店法の規制対象とはならなかった．そこで，中小小売業者だけでなく百貨店からも，総合スーパーの出店規制を求める声が強くなり，企業単位ではな

図4-6　郊外の商店街に立地する総合スーパー（大津市）

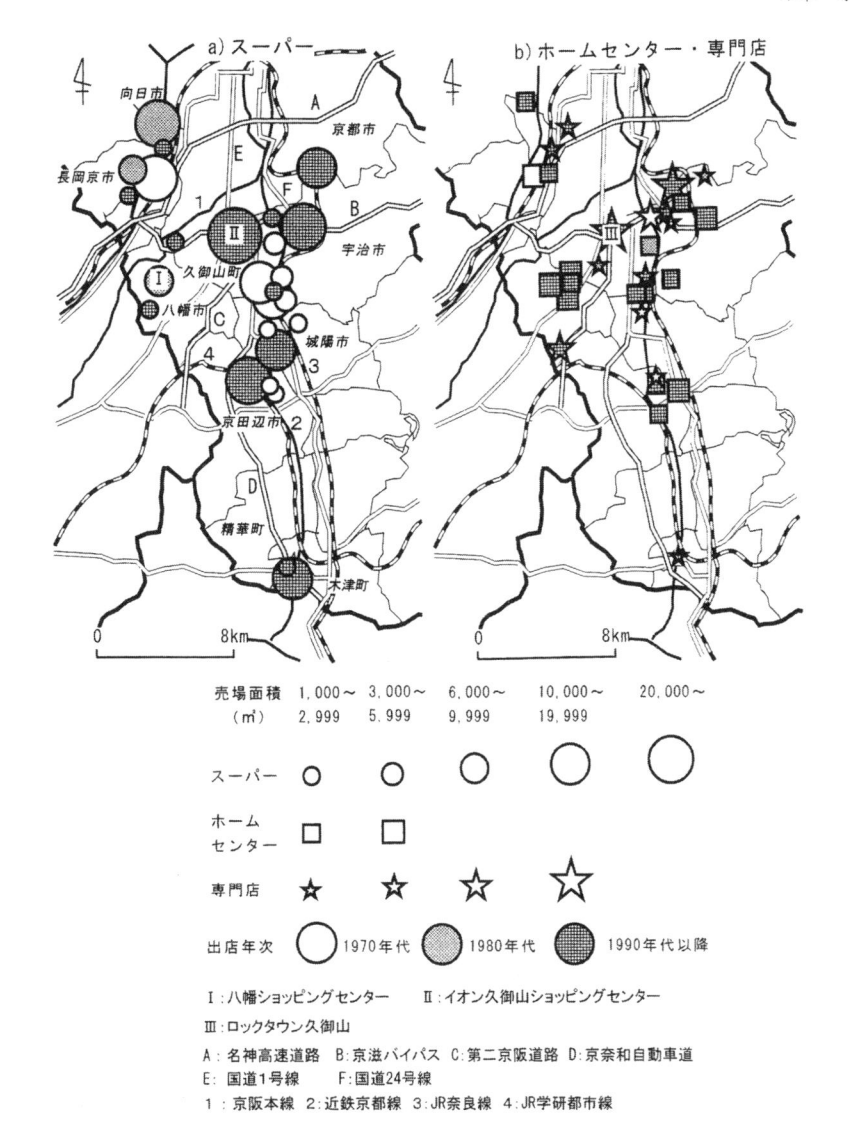

図4-7 京都府南部における大型店の出店
(安倉良二「大店法の運用からみた大型店の出店過程」『季刊地理学』56-3, 2004年)

く各店舗の売場面積に基づいて規制をかける大規模小売店舗法(大店法)が1973年に成立した．翌年の大店法施行にともない，百貨店法は廃止された．

　大店法の目的は，消費者利益の保護に配慮することと，中小小売業の事業活動の機会を確保することにあった．中小小売業を保護するという目的は百貨店法と同様である．具体的には，売場面積が1,500 m²以上（政令指定都市などでは3,000 m²以上）の店舗を対象に，開店日，売場面積，年間休日数，閉店時刻などに制限を設けるものであった．出店計画は，地元の中小小売業者，消費者，学識経験者で構成される商業活動調整協議会（商調協）で審議されることになっており，当然のことながら出店に難色を示す中小小売業者の意見が反映される傾向は強い．このため，当初の出店計画より売場面積を縮小することになったり，開店予定日が遅れるなど

表 4-2 コンビニ主要チェーンの概要（1990年時点）

	社 名	店 名	本社(本部)所在地	系 列	全店舗年間売上高（億円）	期末店舗数
1	セブン-イレブン・ジャパン	セブンイレブン	東京	イトーヨーカ堂	9,320	4,235
2	ダイエーコンビニエンスシステムズ	ローソン／サンチェーン	大阪	ダイエー	5,100	3,770
3	ファミリーマート	ファミリーマート	東京	西友	3,235	1,908
4	サンショップヤマザキ	サンエブリー／ヤマザキデイリーストアー	千葉	山崎製パン	2,554	2,159
5	サークルケイ・ジャパン	サークルK	愛知	ユニー	2,139	1,592
6	サンクス	サンクス	東京	長崎屋	1,454	1,149
7	国分	コミュニティストア	東京	国分	1,259	922
8	モンマートストアシステムズ	モンマート	東京	独立系	880	310
9	カスミコンビニエンスネットワーク	HOT SPAR	茨城	カスミ	855	559
10	ミニストップ	ミニストップ	東京	ジャスコ	721	515

（林上編『現代都市地域の構造再編』原書房，2007年，をもとに作成）

が生じた．場合によっては出店自体が取りやめになるケースもあった．

　しかし，大店法が施行されたにもかかわらず，大型店，特に総合スーパーの出店数は抑制されることはなかった．高度経済成長を経て人々の購買力が向上した結果，それに対応するかのように出店を拡大していった．対照的に中小小売業者数は減少の一途を辿った．そこで1970年代後半になると，大店法の規制が強化されるようになった．売場面積1,500 ㎡以上（政令指定都市などでは3,000 ㎡以上）としていた規制対象が500 ㎡にまで拡張され，1,500 ㎡以上（政令指定都市などでは3,000 ㎡以上）の店舗は国が出店調整する第1種大規模小売店舗，500 ㎡以上1,500 ㎡未満（政令指定都市などでは3,000 ㎡未満）の店舗は都道府県が出店調整する第2種大規模小売店舗とされた．これとともに，大型店の出店を抑えるための行政指導が国によって実施された．

　こうした大店法の規制強化は，総合スーパーの出店に大きな影響を与えた．図4-7によると，1970年代における大型店の活発な出店とは対照的に，大店法の規制強化が反映された1980年代には，出店の勢いが弱まったことがわかる．

　一方，大店法の施行や規制強化を背景として成長してきたのがコンビニである．大店法により従来のような大型店の出店が困難になった総合スーパーチェーンは，大店法の規制にかからない小規模店舗であるコンビニの開発をすすめた．表4-2によると，主要なコンビニチェーンの多くは総合スーパーの系列にあったことがわかる．

　コンビニは，総合スーパーなどの大型店と違って1店舗あたりの商品数が少ないため，配送の効率化をはかるために特定地域に多店舗展開するのが一般的である．これにより，チェーンの知名度を高めることにもなる．総合スーパーの系列にあるコンビニは，コンビニ誕生初期の頃は，大都市圏を中心に店舗展開をすすめた．大都市の中でも住宅地への出店に始まり，徐々に中心市街地へ進出していった（図4-1）．1980年代以降になると，全国展開も活発化していった．消費需要の少ない地方圏では，大都市圏のような多店舗展開は困難である．そこで各コン

ビニチェーンは，配送施設を効率的に稼働させるなどして，地方圏へのスムーズな展開を行っていった．

c．規制緩和からまちづくり3法へ

　1980年代，日本はアメリカとの間に貿易摩擦問題を抱えていた．アメリカの対日貿易赤字（日本の対米貿易黒字）が拡大したことの一端が，日本の市場の閉鎖性にあるとアメリカは考えた．その流れで批判の対象となったのが大店法であり，アメリカをはじめとする欧米諸国からは，輸入品を多く扱う大型店の出店を規制することが非関税障壁に該当するとみなされた．一方，大店法の規制強化によって保護されてきたはずの中小小売業者は，1980年代を通じてその数を減らしてきた．こうして，大店法による規制の有効性がゆらいできたことにより，1990年代に入ると規制の強化から緩和へと流通政策が大きく変化していくこととなった．

　まず，第一種大規模小売店舗の対象が，1,500㎡以上から3,000㎡以上へ（政令指定都市などでは3,000㎡以上から6,000㎡以上へ）と引き上げられ，年間休日数や閉店時刻の制限も緩和されることとなった．さらに，これまで出店計画を審議してきた商調協が廃止され，中小小売業者の意思が大型店の出店動向に反映されにくくなった．出店調整にかかる期間も大幅に縮小されるようになり，大型店の出店が容易になった．

　こうして，1990年代には大型店の出店が増加した（図4-7）．この時期になると，出店数が増加するだけでなく，出店地域や業態にも変化がみられた．1960年代，1970年代に総合スーパーが進出したのは中心市街地であったが，モータリゼーションを背景に1990年代には郊外への出店が顕著になった．また，総合スーパーだけでなく，特定分野の商品の大量仕入れ，大量販売を展開する専門店（カテゴリーキラー）の出店も拡大している．

　1990年代に大店法の規制が緩和されたとはいえ，大店法そのものは規制法であり，アメリカなどからの廃止を求める声は強かった．そのため，1998年には，大規模小売店舗立地法（大店立地法）が制定された（施行は2000年．同時に大店法は廃止）．大店法が，中小小売業者の保護のために出店調整を行うという経済的規制であったのに対し，大店立地法は，立地地域の

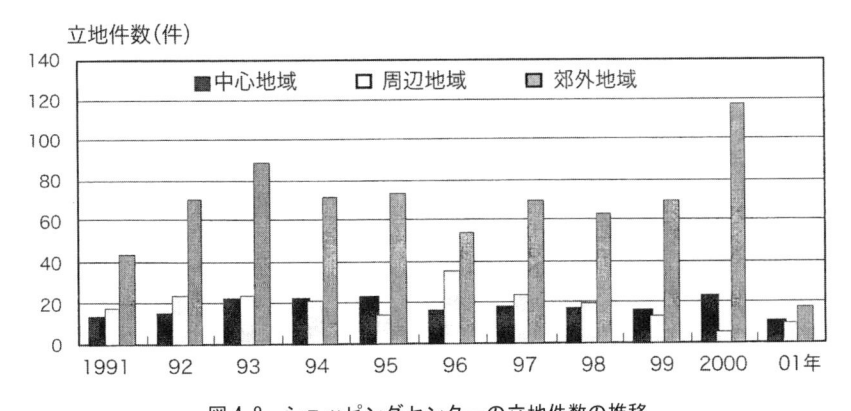

図4-8　ショッピングセンターの立地件数の推移
（林上編『現代都市地域の構造再編』原書房，2007年）

生活環境の保持を目的とする社会的規制であった．

1990年代に総合スーパーは，大店法の規制緩和にともない，中心市街地に立地する店舗を閉鎖し，その売却で得た資金をもとに郊外に大型ショッピングセンターを建設するようになった（図4-8）．1960年代，1970年代には中小小売業者との間に対立をもたらした中心市街地の総合スーパーであったが，1990年代には，中心市街地に消費者を吸引する数少ない重要施設の一つとなっていた．その総合スーパーの閉鎖は，中心市街地の衰退を招くこととなった．

こうした中で大店法が廃止されると，中心市街地のさらなる衰退は避けられない．そこで1998年に，中心市街地の活性化をめざす中心市街地活性化法が施行された．さらに，大店法の廃止によって失われた大型店の出店調整については，土地利用規制の観点から改めて行われることになり，これに対応するために1998年に都市計画法が改正された．経済的規制による出店調整ではないことから，国際的な批判を避けるという意味もあったと考えられる．

大店立地法，中心市街地活性化法，改正都市計画法は「まちづくり3法」と呼ばれ，中心市街地の活性化と郊外の健全な発展が期待されたが，実際には，大型店の郊外での乱立と中心市街地のさらなる衰退が深刻化した．そのため2006年には，郊外への大型店の出店を制限することや，中心市街地活性化の実効性を高めることを意図して，都市計画法，中心市街地活性化法が改正された．

表4-3　郊外ロードサイドを指向する百貨店の一覧

企業名	ショッピングセンター名	所在地	開店年（年）	百貨店の店舗面積（m²）	SC全体の店舗面積（m²）
近鉄百貨店	奈良ファミリー	奈良市	1972	30,289	54,480
西友	THE MALL 春日井	春日井市	1977	18,846	24,321
西武百貨店	つかしん	尼崎市	1985	閉店	閉店
天満屋	広島アルパーク	広島市西区	1990	22,750	52,553
福田屋百貨店	福田屋ショッピングプラザ宇都宮	宇都宮市	1994	34,800	39,180
近鉄百貨店	MOMO	京都市伏見区	1996	22,000	25,223
天満屋	天満屋緑井店	広島市安佐南区	1997	18,171	18,171
中三	イオン秋田SC	秋田市	1998	13,000	53,213
西武百貨店	イオン岡崎SC	岡崎市	2000	16,350	65,285
井上百貨店	アイシティ21	長野県山形村	2000	13,000	28,582
ロビンソン百貨店	ダイナシティ　ウエスト	小田原市	2000	31,182	48,136
福田屋百貨店	FKDショッピングモール宇都宮インターパーク店	宇都宮市	2003	－	54,908
阪急百貨店	ダイヤモンドシティ・プラウ	堺市北区	2004	16,000	55,000
三越	ダイヤモンドシティ・ミュー	武蔵村山市	2006	－	－
三越	ダイヤモンドシティ・エアリ	名取市	2007	13,480	－

※店舗の近くに鉄道駅がある場合もあるが，鉄道利用よりも自動車利用を重視していると考えられる百貨店の例を示した．
※店舗面積は『全国大型小売店総覧』による（2006年時点）．
※ならファミリーは，1992年に建て替えられた．
※西武百貨店（つかしん）は2004年閉店し，つかしんは現在グンゼタウンセンターというショッピングセンターになっている．
※イオン岡崎SCは1995年開設．西武百貨店は2000年開店．
※イオン秋田SCは1993年開設．中三は1998年開店．
（林上編『現代都市地域の構造再編』原書房，2007年，をもとに作成）

4. 近年の新たな動向

　近年，小売業における新たな展開がみられるようになってきた．百貨店では，高度経済成長期から1980年代に積極的に出店した大都市圏の郊外や地方都市の店舗のうち，不採算となっている店舗の閉鎖をすすめるとともに，大都市の都心に立地する旗艦店に経営資源を集中するようになってきた．また，百貨店どうしの合併もすすめられ，高コスト構造の改善を行っている．総合スーパーにおいても，地方の不採算店舗の閉鎖がすすめられている．日本の人口が減少に転じ消費需要が低迷する中，拡大路線をとってきたこれまでの大型店の戦略が変化してきたと言える．

　一方で，百貨店や総合スーパーは，これまでとは違った戦略のもとで，新たな出店も行っている．例えば，郊外のロードサイドを指向する百貨店（表4-3）や，百貨店と総合スーパーがともに核店舗となる2核モールと呼ばれるショッピングセンターが挙げられる．都心に立地し，公共交通によって広域から顧客を集めてきたこれまでの百貨店とは大きく異なる方向である．

　総合スーパーは，大店法の規制緩和以降，モータリゼーションの進展に合わせて大型ショッ

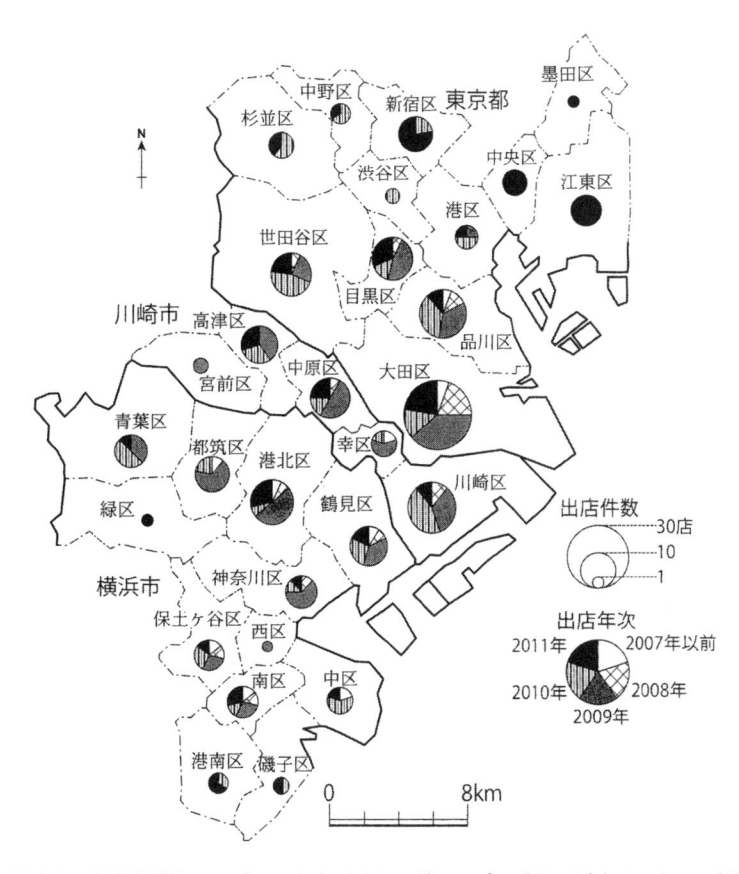

図4-9　小型食料品スーパーの出店（イオングループの「まいばすけっと」の例）
（土屋純・兼子純編『小商圏時代の流通システム』古今書院，2013年）

ピングセンターを郊外に積極的に展開することで成長してきた．しかし，郊外においては，人口成長に陰りが見え始め，自家用車の運転が困難な高齢者の割合が高まってきている．また，先述の2006年における都市計画法改正により，郊外への大型店の出店が大幅に制限されるようになった．こうした中で，総合スーパーチェーンは，小型の食料品スーパーの開発をすすめるようになってきた（図4-9）．これまで小売店の出店が少なかった既成市街地や住宅地にも展開していることから，自家用車の利用が困難な高齢者でも徒歩で利用することが可能となっている．

　カテゴリーキラーの成長も近年の特徴と言える．中小小売業が各々に扱ってきた商品をまとめて大量仕入れ，大量販売することで成長したのが総合スーパーだとすると，カテゴリーキラーは，総合スーパーが扱う多くの商品分野のうち，特定分野の商品のみを大量に仕入れて大量に低価格販売するものである．例えば，家電であれば，総合スーパーよりも家電専門店のほうが，品揃えが豊富で低価格であることが多い．このようなカテゴリーキラーの成長は，総合スーパーにとって脅威となっている一方で，消費者からすれば消費の選択肢がさらに増えてきたことを意味する．

5章 サービス業

1. サービス経済化

　日本では，サービス経済化が急速に進行してきた．サービス経済化とは，サービス業に従事する人々が増加してきたという点にとどまらず，企業が専門サービスを外部から調達するようになったことや，個人，世帯がモノよりもサービスにお金をかけるようになってきたことなどを含む概念である．

　サービス業は，高度経済成長期以降，継続して就業者数が増加してきた業種である．製造業の海外シフトが鮮明になった1990年代に入り，ついに就業者数において製造業を上回り，日本最大の業種となった（図5-1）．脱工業化がすすむ日本にあって，製造業の雇用機会減少を補う産業としてサービス業の役割が重要視されている．

　従来，日本の製造業は，企業内部にサービス的業務を抱え込んでいた．しかし，グローバル化にともない競争の激化がすすむと，企業内部にこうした部門を抱えておく余裕がなくなってきた．また，企業活動の複雑化がすすむと，専門的な知識や技術，設備の必要性も高まる．こ

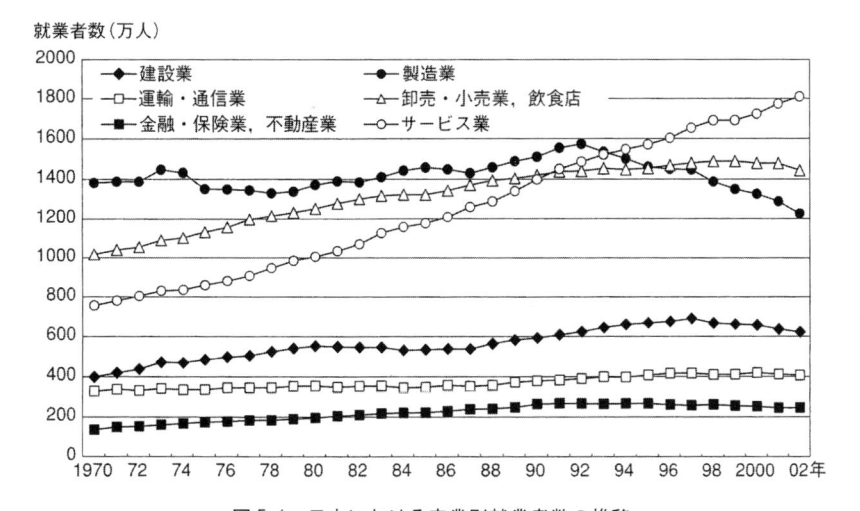

図5-1　日本における産業別就業者数の推移
（林上編『現代都市地域の構造再編』原書房，2007年）

れは，企業にとって絶えず必要ではなく，必要なときに必要な分だけ利用できればよいことが多い．したがって，内部に専門的な社員や設備を抱えておくよりも，外部の企業から専門サービスを提供してもらったほうが効率的である．

　消費に占めるサービス消費の増加も，近年の特徴である．この背景には，社会構造や家族構造の変化がある．女性の社会進出や単身世帯の増加により，それまで家庭内で女性が担ってきた家事労働が外部化されるようになった．この結果，飲食業，クリーニング，保育サービスなどが増加していった．また，結婚や葬儀など，以前であれば家庭で行われてきた伝統的儀式も外部化している．モノを買っても，それに付随するサービスにお金をかけるようになってきている．代表例は携帯電話であり，音楽のダウンロード，インターネット閲覧など，通話以外のサービスを購入する比重は高い．これもサービス経済化の一面である．

2．サービス業の盛衰と立地

　サービス経済化がすすんでいるとはいえ，すべてのサービス業が成長しているわけではない．時代とともに成長の中心はシフトしている．サービス業には，公共サービス業のほか，サービスの提供先によって個人サービス業と事業所サービス業がある（表5-1）．以下では，個人サービス業と事業所サービス業についてその盛衰や立地パターンを検討する．

表 5-1　サービス業の分類

個人サービス業	消費関連	洗濯業，洗張・染物業，理容業，美容業，公衆浴場業，特殊浴場業，その他の洗濯・理容・浴場業，家事サービス業（住込みのもの），家事サービス業（住込みでないもの），写真業，衣服裁縫修理業，物品預り業，火葬・墓地管理業，冠婚葬祭業，他に分類されない生活関連サービス業，家具修理業，かじ業，表具業，他に分類されない修理業
	余暇関連	旅館，簡易宿所，下宿業，その他の宿泊所，映画館，劇場，興行場（別掲を除く），興行団，競輪・競馬等の競走場，競輪・競馬等の競技団，スポーツ施設提供業，公園，遊園地，遊技場，その他の娯楽業，自動車賃貸業，スポーツ・娯楽用品賃貸業，その他の物品賃貸業，映画・ビデオ制作・配給業，映画・ビデオサービス業，公共放送業（有線放送業を除く），民間放送業（有線放送業を除く），有線放送業，個人教授所
事業所サービス業		駐車場業，自動車整備業，機械修理業，農林水産業協同組合（他に分類されないもの），事業協同組合（他に分類されないもの）
	オフィスサービス業	各種物品賃貸業，産業用機械器具賃貸業，事務用機械器具賃貸業，ソフトウェア業，情報処理・提供サービス業，ニュース供給業，興信所，広告代理業，その他の広告業，法律事務所，特許事務所，公証人役場，司法書士事務所，公認会計士事務所，税理士事務所，獣医業，土木建築サービス業，デザイン業，著述家・芸術家業，その他の専門サービス業，速記・筆耕・複写業，商品検査業，計量証明業，建物サービス業，民営職業紹介業，警備業，他に分類されない事業サービス業
公共サービス業		一般廃棄物処理業，産業廃棄物処理業，その他の廃棄物処理業，病院，一般診療所，歯科診療所，助産所，療術業，歯科技工所，医療に附帯するサービス業（別掲を除く），その他の医療業，保健所，健康相談施設，検疫所（動物検疫所，植物検疫所を除く），その他の保健衛生，社会保険事業団体，福祉事務所，保育・老人福祉団体等，小学校，中学校，高等学校，高等教育機関，特殊教育諸学校，幼稚園，専修学校，各種学校，社会教育，その他の教育施設，自然科学研究所，人文・社会科学研究所，神道系宗教，仏教系宗教，キリスト教系宗教，その他の宗教，経済団体，労働団体，学術・文化団体，政治団体，他に分類されない非営利的団体，集会場，と畜場，他に分類されないサービス業，外国公館，その他の外国公務

注：表内の「，」が産業小分類上の区切，「、」は小分類名称中の読点．
（加藤幸治『サービス経済化時代の地域構造』日本経済評論社，2011年，をもとに作成）

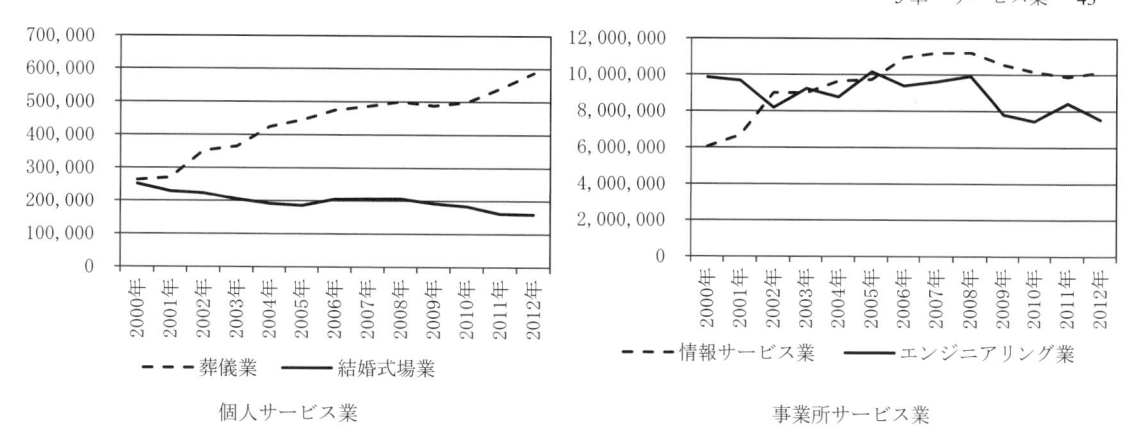

図 5-2　個人サービス業，事業所サービス業各 2 業種の売上高
（『特定サービス産業実態調査』をもとに作成）

図 5-3　サービス業事業所と人口の分布（2005 年）
（『特定サービス産業実態調査』，『国勢調査』をもとに作成）

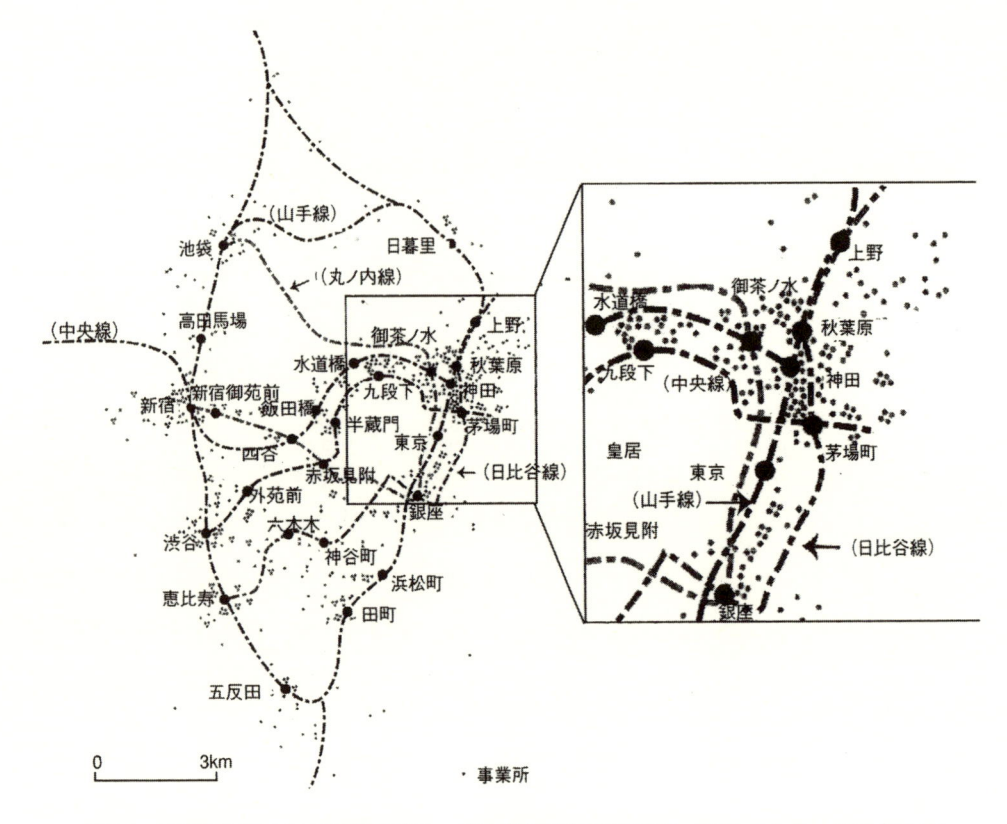

図5-4 東京都心部における情報技術サービス業事務所の新規立地（2001年9月～2002年3月）
（林上『都市サービス地域論』原書房，2005年）

　ここでは，個人サービス業として結婚式場業と葬儀業を，事業所サービス業として情報サービス業とエンジニアリング業を取り上げる．個人サービス業の2業種は，対照的な状況にある（図5-2）．葬儀業が成長しているのには，高齢化がすすみ死亡者数が増加していることが背景にある．一方，結婚式場業がやや衰退傾向にあるのは，少子化，未婚化にともない結婚数が減少していることが関係している．事業所サービス業では，2000年代に成長を続けた情報サービス業と，衰退傾向にあるエンジニアリング業が対照的である（図5-2）．情報化の進展により，企業からのサービス需要が高い情報サービス業に対し，主要取引先である製造業が海外シフトをすすめているエンジニアリング業は，需要を減らしていると考えられる．
　個人サービス業と事業所サービス業は，立地パターンに大きな違いがある（図5-3）．個人サービス業のサービス提供先は個人なので，人口と類似した分布となっている．一方，事業所サービス業は，企業の集中する大都市に集中する傾向が顕著である．特に，世界規模で企業活動を展開する多国籍企業は，より専門的な知識，技術を必要としており，事業所サービス業を活用する頻度も高い．そのため，多国籍企業が集中する東京において事業所サービス業が多くなる傾向がある．東京の中でも都心指向が強く，公共交通機関の主要駅付近に集中して立地する傾向がある（図5-4）．

3. サービス業の成長と多様化

　企業からのサービス需要や個人のサービス消費が多様化するのにともない，提供されるサービスも多様化している．この結果，従来の産業の分類方法では現実を把握することが困難になってきている．国勢調査，経済センサスなど公的な統計調査の結果を産業別に表示する際に用いられる日本標準産業分類をみると，2000年代というわずかな期間だけでも大きな変化があったことがわかる（表5-2）．情報通信業，学術研究，専門・技術サービス業，生活関連サービス業，娯楽業，教育，学習支援業，医療，福祉，複合サービス業，他に分類されないサービス業などをはじめとして，近年新たに加わった産業分類の大半がサービス業に属するものである．サービス業の成長と多様化がすすんでいることを反映したものといえる．

　サービス業の多様化は，労働力供給の分野にも及んでいる．従来，労働者の派遣サービスは専門職に限定されており，一般事務や単純作業には認められてこなかった．しかし，1990年代に入り，派遣対象が緩和されるようになった．2004年には，製造業への労働者派遣が解禁となり，工場で働く派遣労働者が増加した．このことは，日本標準産業分類にもとづく就業者構成の変化に少なからず影響を及ぼしている．

　表5-3，表5-4は，滋賀県湖北地域に位置する4町（いずれも現在は長浜市）で働いている人々を，産業別，職業別の割合で示したものである．まず産業別の表5-3の中から製造業に着目する．2000年には，旧高月町の製造業就業者の割合が54.2％と圧倒的に高かった．旧高月町には，大手製造業の大規模工場が立地しており，この工場や関連工場の就業者数が，人口規模の小さ

表5-2　日本標準産業分類（大分類）の推移

2002年12月までの分類	2008年12月までの分類	現在（2009年1月改定）の分類
農業	農業	農業，林業
林業	林業	漁業
漁業	漁業	鉱業，採石業，砂利採取業
鉱業	鉱業	建設業
建設業	建設業	製造業
製造業	製造業	電気・ガス・熱供給・水道業
電気・ガス・熱供給・水道業	電気・ガス・熱供給・水道業	情報通信業
運輸・通信業	情報通信業	運輸業，郵便業
卸売・小売業，飲食店	運輸業	卸売業，小売業
金融・保険業	卸売・小売業	金融業，保険業
不動産業	金融・保険業	不動産業，物品賃貸業
サービス業	不動産業	学術研究，専門・技術サービス業
公務	飲食店，宿泊業	宿泊業，飲食サービス業
	医療，福祉	生活関連サービス業，娯楽業
	教育，学習支援業	教育，学習支援業
	複合サービス業	医療，福祉
	その他のサービス業	複合サービス業
	公務	他に分類されないサービス業
		公務（他に分類されるものを除く）

表 5-3 滋賀県湖北 4 町の産業構成（従業地ベース）

2000 年

	旧虎姫町	旧湖北町	旧高月町	旧木之本町
農林漁業	5.8	11.8	5.7	4.4
建設業・鉱業	12.2	8.8	6.3	13.8
製造業	41.3	32.4	54.2	22.2
電気・ガス・熱供給・水道業	0.2	0.1	0.1	1.3
運輸・通信業	3.9	4.6	8.5	2.9
卸売・小売業，飲食店	12.3	14.4	10.3	17.6
金融・保険業	0.9	1.1	0.8	2.7
不動産業	0.2	0.1	0.1	0.1
サービス業	16.2	22.8	12.3	29.5
公務(他に分類されないもの)	6.2	3.6	1.4	4.7
分類不能の産業	0.7	0.3	0.3	0.7

2005 年

	旧虎姫町	旧湖北町	旧高月町	旧木之本町
農林漁業	3.6	11.0	5.2	4.5
建設業・鉱業	9.5	7.1	5.9	12.2
製造業	44.2	30.5	43.6	18.6
電気・ガス・熱供給・水道業	0.0	0.1	0.1	0.3
情報通信業	0.3	0.2	0.2	0.5
運輸業	2.6	3.8	7.1	2.4
卸売・小売業	10.7	12.4	8.6	16.0
金融・保険業	1.2	0.9	0.7	2.6
不動産業	0.1	0.3	0.1	0.1
飲食店，宿泊業	1.3	3.5	1.8	3.2
医療，福祉	6.5	9.2	3.4	15.0
教育，学習支援業	5.0	4.0	2.5	5.1
複合サービス事業	1.4	4.5	1.2	2.6
他に分類されないサービス業	7.3	9.3	17.9	10.0
公務(他に分類されないもの)	5.9	2.7	1.5	6.5
分類不能の産業	0.4	0.4	0.3	0.1

(『国勢調査』をもとに作成)

い旧高月町の産業に与える影響は大きいと推察できる．しかし，2005 年になると，製造業就業者の割合は 43.6％へと大幅に低下した．対照的に，新たに分類に加わった「他に分類されないサービス業」は 17.9％と高い．ここには，労働者派遣サービス業が含まれる．つまり，製造業が，工場で働く労働者を直接雇用から間接雇用（派遣労働者など）に置き換えたことにより，製造業就業者が減少し，労働者派遣サービス業から派遣される労働者，すなわちサービス業就業者が増えたのである．この点は，2000 年から 2005 年にかけて，工場労働者に該当する生産工程・労務作業者の割合にはほとんど変化がないこと（表 5-4）からもわかる．

　サービス業自体の成長や多様化だけでなく，製造業もサービスの提供に力を入れるようになってきた．従来，メーカーは，品質のよい商品を製造することに努めてきた．しかし最近の消費者は，商品の品質だけでなく，購入後のサービスも含めてその商品を評価するようになっている．そのため，メーカーは，消費者からの問い合わせなどに対応するために，コールセンターを設けるようになってきた．コールセンターの立地に大きな影響を与えたのは，情報技術

表 5-4　滋賀県湖北 4 町の職業構成（従業地ベース）

2000 年

	旧虎姫町	旧湖北町	旧高月町	旧木之本町
専門的・技術的職業従事者	10.8	9.7	6.2	15.9
管理的職業従事者	2.5	3.4	2.2	2.5
事務従事者	17.2	16.6	12.7	16.7
販売従事者	7.8	7.6	5.5	11.6
サービス職業従事者	4.8	6.9	4.4	8.2
保安職業従事者	2.7	0.3	0.4	2.4
農林漁業作業者	5.7	11.7	5.5	4.2
運輸・通信従事者	2.7	2.1	6.3	2.3
生産工程・労務作業者	44.8	41.4	56.4	35.5
分類不能の職業	0.9	0.2	0.3	0.7

2005 年

	旧虎姫町	旧湖北町	旧高月町	旧木之本町
専門的・技術的職業従事者	10.3	10.2	6.8	15.9
管理的職業従事者	2.8	2.6	1.7	2.0
事務従事者	17.8	16.4	12.3	17.2
販売従事者	6.7	7.8	5.5	11.7
サービス職業従事者	5.2	9.5	5.2	8.7
保安職業従事者	2.9	0.4	0.7	3.4
農林漁業作業者	3.6	10.9	4.9	4.9
運輸・通信従事者	2.4	1.8	5.1	2.3
生産工程・労務作業者	47.9	40.0	57.4	33.8
分類不能の職業	0.4	0.4	0.3	0.1

（『国勢調査』をもとに作成）

表 5-5　沖縄県内におけるコールセンターの新規立地件数と雇用者数

市町名	1996年 件数	1996年 雇用者数	1997年 件数	1997年 雇用者数	1998年 件数	1998年 雇用者数	1999年 件数	1999年 雇用者数	2000年 件数	2000年 雇用者数	2001年 件数	2001年 雇用者数	合計 件数	合計 雇用者数
那覇市	2	615	―	―	1	235	5	839	5	341	1	96	14	2,126
沖縄市	―	―	―	―	―	―	2	400	―	―	1	66	3	466
浦添市	1	140	―	―	―	―	―	―	―	―	―	―	1	140
宜野湾市	―	―	―	―	―	―	1	114	―	―	―	―	1	114
名護市	―	―	―	―	―	―	1	106	―	―	―	―	1	106
北谷町	―	―	―	―	―	―	―	―	1	250	―	―	1	250
嘉手納町	―	―	―	―	―	―	―	―	2	209	―	―	2	209

単位：雇用者数＝人
(林上『都市サービス地域論』原書房，2005 年，をもとに作成)

の発達にともなう通信コストの低下である．これにより，メーカー本社の位置する大都市ではなく，人件費や土地の安い地方圏にコールセンターを設けることが可能になった．例えば，沖縄県では，情報通信産業の育成をはかる目的から積極的にコールセンターを誘致するようになり，企業側も，人件費や土地の安い沖縄県に魅力を感じ，コールセンターを立地させるようになった（表 5-5）．

4. 公共サービス業

　公共サービス業は，個人サービス業や事業所サービス業と違って非営利性が強い部門である．人口や事業所数が少ない地方圏では，利益を追求するサービス業の立地が少なく，相対的に公共サービス業の占める割合が高くなる（図5-5）．また，公共サービス業では，その性格上，国または地方自治体よって運営される事業所の割合が高くなるが，特に地方圏においてこの傾向が強くなる（表5-6）．

　一方で，近年は，地方自治体が実施してきた公共施設の管理・運営を，民間企業やNPO法人などが代行できるようにしたり，効率的な公共サービスの提供のため，民間の資金や経営手法を取り入れるなどの動きも活発になってきている．

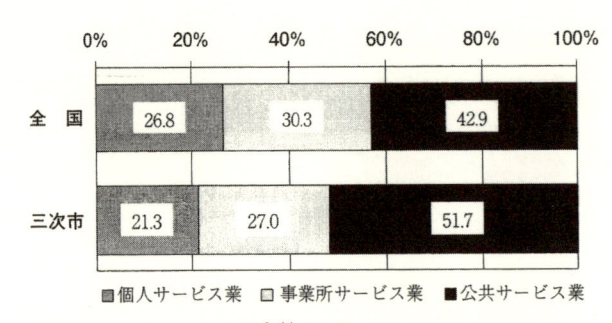

図5-5　全国と広島県三次市におけるサービス業の構成
(加藤幸治『サービス経済化時代の地域構造』日本経済評論社，2011年)

全国	個人サービス業	事業所サービス業	公共サービス業
全国	26.8	30.3	42.9
三次市	21.3	27.0	51.7

表5-6　全国と広島県三次市における公営事業所の割合

	全国	三次市
非農林水産業	8.3	11.2
サービス業	16.4	24.8
個人サービス業	2.1	0.0
事業所サービス業	2.6	11.3
公共サービス業	35.1	42.0

(加藤幸治『サービス経済化時代の地域構造』日本経済評論社，2011年，をもとに作成)

6章　観　光

1. 観光の現状と観光資源

　現在の日本では，観光の役割が大きくなっている．これまで各地域の中心産業であった製造業（地場産業）が衰退し，新たな地域振興をめぐって，観光には多くの期待がかけられている．国レベルでも観光の重要性が認識されるようになってきた．これまで，外国への日本人の観光流出者が多いのに対し，外国からの観光流入者が少なかった．こうした状況から，政府は2003年からビジット・ジャパン・キャンペーンを展開し，外国人の日本訪問を促進した．また，2006年には観光立国推進基本法が制定され，2008年には観光立国の推進体制を強化するため，観光庁が発足した．

　観光の対象となる観光資源は非常に多様である（表6-1）．エネルギー資源の中心が石炭から石油へと移行したのと同じように，時代によって観光資源の種類も変化していく．高度経済成長期には古めかしくて見向きもされなかった建造物が，伝統的なものを再評価しようという近年の風潮の中で，レトロなもの，伝統的な価値を持ったものとして再び脚光を浴びることは，

表6-1　観光資源の一覧

自然資源	人文資源 I	人文資源 II
1　山岳	1　史跡 *a	1　橋 *1
2　高原	2　寺社	2　近代公園
3　原野	3　城跡・城郭	3　町並み・都市景観・建造物 *2
4　湿原	4　庭園	4　観覧施設 *3
5　湖沼	5　年中行事	5　イベント
6　峡谷	6　碑・像 *b	6　テーマパーク・遊園地
7　滝	*a 産業遺産含む	7　田園景観・郷土景観
8　河川	*b 一部人文資源IIに入る	*1 一部は，人文資源Iに入る
9　海岸		*2 都市建造物（塔，高層ビルなど）
10　岬		*3 博物館・美術館．動物園・植物園・
11　島嶼		水族館ほか各種施設．
12　岩石・洞窟		
13　動物・植物		
14　自然現象		

（溝尾良隆『観光学と景観』古今書院，2011年，をもとに作成）

その例である．潜在的な観光資源を地域が掘り起こすという例もある．

現時点で観光客を多く集めている観光地が，今後もそのような観光地であり続ける保証はない．例えば，高度経済成長期に，大手の観光資本によって観光地形成がすすめられた温泉地の中には，団体・企業旅行から個人旅行へという時代の変化に対応できず，衰退していったところもある．観光資源の魅力を高めたり，受け入れ体制を充実させるなどの努力が，観光地の側には求められる．

以下では，主要な観光資源を持つ観光地をいくつか例にとり，それぞれの観光地の変遷や特性を考察する．

2．自然の観光資源を持つ地域

自然観光は，古くから行われてきた観光である．自然そのものを観察するものから，自然を利用してレクリエーション活動を行うものまでさまざまである．自然観光においては，自然環

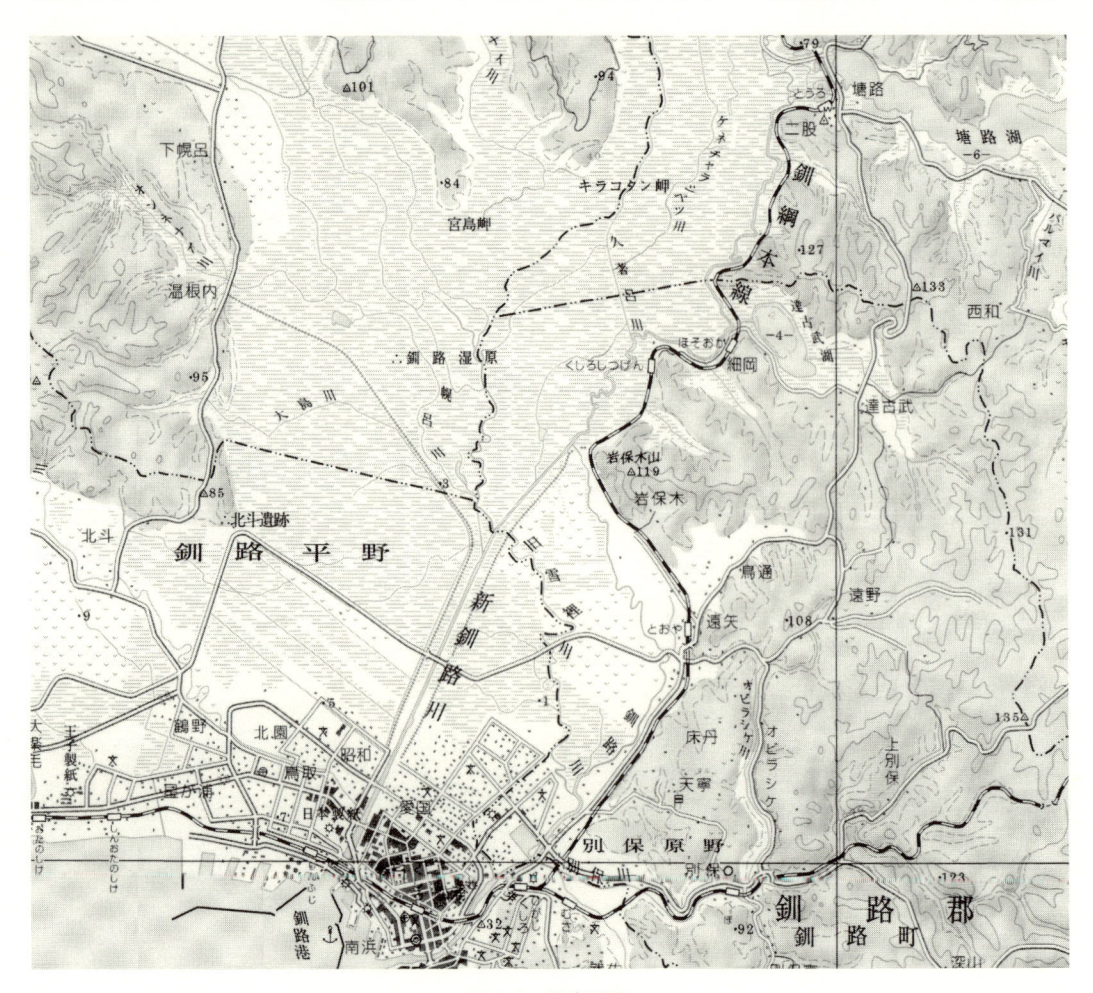

図 6-1　釧路湿原
(20 万分 1 地勢図「釧路」平成 18 年編集)

図 6-2 釧路湿原の遠景

境の保全と観光開発のバランスが常に課題となる．スキー場，ゴルフ場，別荘開発などが，人々の余暇活動の充実に寄与したのは間違いない．一方で，自然環境の大規模な改変をともなうこれらの開発によって，自然環境の破壊がすすんでいったという側面も見逃すことができない．

　北海道の釧路平野に広がる釧路湿原（図 6-1，図 6-2）は，日本最大の湿原であり，タンチョウをはじめとする希少種が生息する動植物の宝庫としても知られている．1980 年にラムサール条約に登録され，1987 年には国立公園に指定されている．釧路湿原とその周辺では，観光リゾート開発，農地開発がすすめられた結果，湿原面積が大きく減少してきた．こうした状況に対し，国や北海道が中心となって湿原の保全，再生をすすめるようになっている．観光についても，従来の自然観光ではなく，エコツーリズムの概念を取り入れた観光を推進している．エコツーリズムとは，環境省によると，「自然環境や歴史文化を対象とし，それらを体験し，学ぶとともに，対象となる地域の自然環境や歴史文化の保全に責任を持つ観光のありかた」である．釧路湿原では，釧路川をカヌーで下る体験を通して，釧路湿原の生態系，環境問題などへの理解を深めてもらうツアーが人気を呼んでいる．

3．歴史的な観光資源を持つ地域

　日本には，城下町，門前町など歴史的な観光資源を有する地域は多い．滋賀県長浜市の中心部は，長浜城の城下町，大通寺の門前町，北国街道の宿場町として発展した歴史を持つ．中心部は，他の地方都市と同様，郊外への大型店の立地に押されて衰退を経験した．

　活性化の起爆剤となったのは，大手門通りと北国街道の交差する場所にあった第百三十銀行の取り壊し問題である．この建造物は，明治時代に建てられた歴史的建造物であったが，これを取り壊してマンションを新たに建設する計画が浮上した．これに危機感を持った地元有志と

図6-3　長浜市の黒壁スクエア

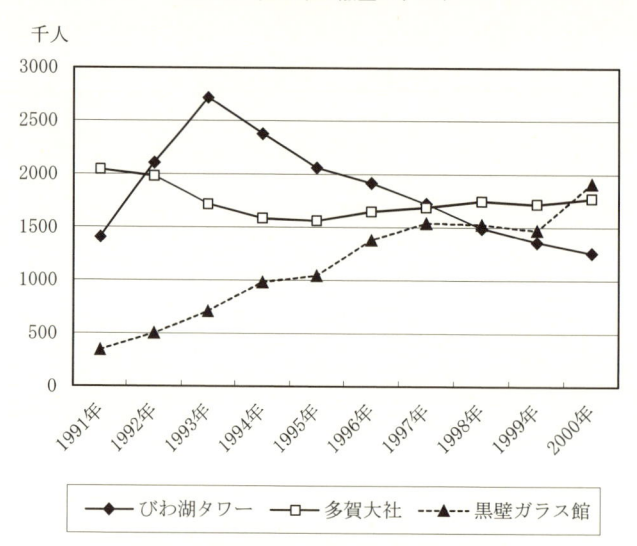

図6-4　滋賀県の主要観光地別の客数推移
1993年以前は黒壁ガラス館の数値がないため，黒壁ガラス館周辺全域を意味する「黒壁スクエア」で代替した．
(『滋賀県観光入込客統計調査』をもとに作成)

市役所が，第三セクターの(株)黒壁を設立し，第百三十銀行を買い取り，保存を行うこととなった．この建造物は，黒壁ガラス館として再生した．これ以降，周辺に(株)黒壁が運営する建造物が増えるとともに，その他の古い建物の保存，再生もすすめられるようになった．この一体は黒壁スクエアと呼ばれ，観光客で賑わっている(図6-3)．門前町，城下町としての長浜の歴史的価値も再評価されており，歴史に興味のある人々も訪れる観光地となっている．図6-4によると，1990年代以降，黒壁スクエアの観光客数は増加傾向にあり，滋賀県を代表する観光地に成長した．

　長浜の例は，門前町，城下町としての観光資源と明治の建造物などが組み合わさったものである．これに対し，近年，日本の近代化に貢献した工場，機械，鉱山などへの注目が集まっている．従来，これらの施設や設備は，不要なものとみなされ放置，破壊されてきたが，これら

図 6-5　伊田竪坑櫓と二本煙突（田川市）

図 6-6　復元された炭鉱住宅（田川市）

の歴史的価値が再評価され，地域活性化や地域学習にも役立てられるようになってきた．国としても，これらの遺産を近代化産業遺産として認定するようになり，観光資源としても期待されている．

　認定された近代化産業遺産の一つに，筑豊炭田関連遺産がある．筑豊炭田の中心都市の一つであった福岡県田川市には，旧三井田川鉱業所の伊田竪坑櫓と 2 本煙突（図 6-5），田川市石炭・歴史博物館に復元されている炭鉱住宅（図 6-6）などがある．これら炭鉱関連の近代化産業遺産は，三井田川鉱業所が立地していた広大な敷地の中にあり，その他にも炭鉱に関連する施設，設備が復元展示されている．田川市では，これらが貴重な観光資源となっている．これに関連し，田川市は，地元の大学である福岡県立大学とともに，筑豊の炭鉱労働者であり画家でもあった山本作兵衛による炭坑の記録画および記録文書を，ユネスコの世界記憶遺産に申請し，2011年，日本で初めて登録された．世界記憶遺産とは，人類が長い間記憶して後世に伝える価値があるとされるものである．田川市石炭・歴史博物館にもその一部が展示されており，今は無き

炭鉱時代を感じることのできる場所となっている．

4．遊園地とテーマパーク

　テーマパークとは，特定のテーマに基づいて構成された娯楽施設を指す．これに対し遊園地とは，一般的にテーマはなく，さまざまな遊戯機械が集合した娯楽施設である．立地場所や訪問客の特性などにも違いがみられる（表6-2）．

　遊園地は，民間レジャー企業による遊園地開発がブームとなった1960年代に急増した．特に，大都市から日帰り圏内に立地することが多く，遊園地は大都市住民の有力な娯楽施設となっていった．また，当時はモータリゼーションが進行しつつあった時代でもあり，自動車交通の利便性が高い場所が遊園地の有力な立地場所となった．この時代の遊園地は，基本的な遊戯機械に加え，目玉となる遊戯施設を配置することでオリジナリティを出したものが主流であった．その後，人々の余暇活動が多様化していく中で，多くの遊園地は閉園していくこととなった．

　琵琶湖の西岸，滋賀県大津市堅田にあった遊園地「びわ湖タワー」を例に取る．琵琶湖の東側と西側を結ぶ琵琶湖大橋が1964年に開通したことにより，車での来客を期待してこの遊園地は造られた（図6-7）．遊園地の名称にもなった展望タワーが開園当初の目玉であった．これは，モントリオール万国博覧会で使用された展望タワーが移設されたものである．また，大津市におの浜で開催されたびわこ大博覧会（1968年）で使用された忍者屋敷も，当遊園地に移設された．このように，「びわ湖タワー」では，基本的な遊戯機械の他に，他の博覧会で使用したものを活用することでオリジナリティを出した．

　「びわ湖タワー」は，大阪からは1.5時間，京都からは1時間もあれば到着可能な位置にあり，両都市の日帰り旅行圏内にある．こうした立地上のメリットも，「びわ湖タワー」を滋賀県有数の観光地として成り立たせていた条件のひとつといえる．1992年には，当時世界最高の高さを誇った大観覧車を設置し，観光客数が大幅に増加した（図6-4）．

　その後は，余暇行動の多様化や他の観光地・観光施設の充実などによって，「びわ湖タワー」の優位性は揺らぎ始め，1994年以降は観光客数が著しく減少していった．結局「びわ湖タワー」

表6-2　遊園地とテーマパークの比較

立地	遊園地が都市郊外立地に対し，テーマパークは観光地等にも立地．
集客範囲	遊園地は集客範囲が狭いのに対し，テーマパークの集客範囲は広い．
滞在日数	遊園地はほとんど日帰りに対して，テーマパークは宿泊客が多い．
来客ピーク	遊園地は休日に集中するのに対し，テーマパークはやや分散する．
団体客	遊園地は学校遠足中心に対して，テーマパークは修学旅行やパック客．
客層	遊園地は若者子ども中心に対して，テーマパークは比較的幅広い客層．
リピーター	遊園地はリピーター客多いのに対し，テーマパークは少し高まりつつある．
規模	遊園地の規模（敷地等）に比べて，テーマパークは比較的大きい．
施設	遊園地は共通性があるのに対し，テーマパークは独自性が高い．
コンセプト	遊園地はハード面重視に対して，テーマパークはソフト面も重視．
料金	遊園地の入場料金に比べて，テーマパークの方が比較的高い．

（奥野一生『新・日本のテーマパーク研究』竹林館，2008年，をもとに作成）

図 6-7　びわ湖タワーの立地していた場所
（5万分1地形図「京都東北部」平成11年修正）

図 6-8　閉園後のびわ湖タワー（大津市）
（小原丈明氏より提供）

は，2001年8月をもって閉園されることとなった．モータリゼーションの進展という1960年代の趨勢に合わせるように誕生した「びわ湖タワー」は，余暇行動の多様化というその後の趨勢に合わせるかのように閉園していった（図6-8）．

　遊園地に代わって娯楽施設の主役に躍り出たのがテーマパークである．日本におけるテーマパークは，東京ディズニーランドや長崎オランダ村の開園をもって本格的に始まる．立地場所は，初期の頃は大都市圏に立地することが多かったが，1987年に制定されたリゾート法以降，全国に広がっていった．鉄道企業が乗客を増やすことを意図して開園したもの，工場等の跡地利用として開園したもの，新たな地域振興の一環として開園したものなどさまざまである（表6-3）．

表 6-3 テーマパークの開設年と立地条件

開設年	テーマパークの名称	立地型	交通	土地利用	テーマ設定
1965	博物館　明治村	大都市郊外型	鉄道駅+バス		
1973	ウェスタン村	観光温泉地型	鉄道駅徒歩圏	旧・観光牧場	
1983	東京ディズニーランド	大都市内型	鉄道駅前	埋立地	
	北海道開拓の村	大都市郊外型	鉄道駅+バス		
	野外博物館　リトルワールド	大都市郊外型	鉄道駅+バス		
	（旧）長崎オランダ村	有名観光地型	鉄道駅+バス	飲食施設跡地	歴史的交流
1986	日光江戸村	観光温泉地型	鉄道駅徒歩圏	銅山跡地	歴史の舞台
1989	グリュック王国	新規振興地型	鉄道駅+バス		気候の類似
1990	カナディアンワールド	新規振興地型	鉄道駅+バス	炭鉱跡地	気候の類似
	登別マリンパークニクス	観光温泉地型	鉄道駅前		気候の類似
	サンリオ・ピューロランド	大都市郊外型	鉄道駅前		
	東京セサミプレイス	大都市郊外型	鉄道駅+バス		
	修善寺・虹の郷	観光温泉地型	鉄道駅+バス	旧・自然公園	
	スペースワールド	大都市内型	鉄道駅駅前	製鉄所跡地	
	肥前夢街道	観光温泉地型	鉄道駅+バス	茶畑跡地	
1991	レオマワールド	新規振興地型	鉄道駅+バス	国有林解除地	
	サンリオ・ハーモニーランド	観光温泉地型	鉄道駅+バス		
1992	ハウステンボス	有名観光地型	鉄道駅前	工業用埋立地	歴史的交流
	登別中国庭園　天華園	観光温泉地型	鉄道駅+バス		
	登別伊達時代村	観光温泉地型	鉄道駅+バス		
1993	伊勢戦国時代村（安土桃山文化村）	有名観光地型	鉄道駅徒歩圏		
	新潟ロシア村（ロシアンビレッジ）	新規振興地型	鉄道駅+バス		歴史的交流
	東武ワールドスクウェア	観光温泉地型	鉄道駅徒歩圏		
1994	志摩スペイン村パルケエスパーニャ	有名観光地型	鉄道駅+バス		地形の類似
1996	加賀百万石時代村	観光温泉地型	鉄道駅+バス		
	柏崎トルコ文化村	新規振興地型	鉄道駅+バス		
1997	倉敷チボリ公園	有名観光地型	鉄道駅前	繊維工場跡地	
2001	ユニバーサル・スタジオ・ジャパン	大都市内型	鉄道駅前	工場跡地	
2001	東京ディズニーシー	大都市内型	鉄道駅前	埋立地	

注：土地利用の空欄部分は，かつて雑木林等であったところである．
（奥野一生『新・日本のテーマパーク研究』竹林館，2008年，をもとに作成）

　鉄道企業によるテーマパーク運営は，その鉄道企業の多角的な経営戦略の中に位置付けられている．私鉄による沿線での娯楽施設の開発は既に戦前から行われていたが（3章），戦後はさらにすすむことになった．

　その代表例として，三重県志摩市に立地する志摩スペイン村がある．その名の通り，スペインをテーマとしている．関西の私鉄である近鉄は，高度経済成長期以降，伊勢志摩方面の私鉄との合併を契機に沿線開発をすすめた．伊勢志摩地方は，伊勢神宮，真珠養殖など既存の観光資源が豊富であるとともに，大阪，名古屋から比較的近距離であることから大都市周辺のリゾート地としての可能性も有していた．そこにテーマパークを開発し，さらなる集客効果を意図した．1994年の開園当初は，スペインというテーマの斬新さなどから賑わったが，その後，入園者数は減少傾向にある．現在は，鉄道企業による運営という特性を活かし，近鉄の駅構内で志摩スペイン村をPRするアナウンスや構内広告，車内広告，車体広告を通してPRに努めている状況である（図6-9）．

図 6-9　近鉄特急に施された志摩スペイン村のキャラクター

図 6-10　スペースワールド（北九州市）

　工場跡地のテーマパーク利用としては，1990年に開園した北九州のスペースワールドが代表的である．北九州は，官営八幡製鉄所の立地により一大工業地帯として成長した地域である（8章）．しかし，製鉄の不振にともない製鉄所の閉鎖，縮小が本格化する中，その跡地活用が課題となっていた．そこで，新日鉄は，八幡製鉄所の一部を，宇宙をテーマとするスペースワールドとして開発することとした（図6-10）．運営は，新日鉄や北九州市が出資する第三セクターが行った．20世紀初期の最新技術を駆使した製鉄所から，21世紀の最新技術となる宇宙への転換は斬新なものであり，注目度も高かった．開園当初から数年間は入園者数が増加基調にあったものの，1990年代後半以降減少し始め，経営不振に陥るようになった．その後，営業権は民間企業へと譲渡され，民間のアイデア，経営戦略を取り入れた運営により，入園者数も回復しつつある．
　地域振興の一環として開園した例として倉敷チボリ公園がある．このテーマパークは，工場跡地に立地した事例でもある．倉敷チボリ公園以前にこの場所に立地していた倉敷紡績は，

図6-11　倉敷チボリ公園跡地の商業施設（倉敷市）

1980年代から90年代にかけてのグローバル化の影響を大きく受けた典型的な繊維産業である．倉敷チボリ公園の開発には，地域振興の観点から岡山県が関与し，岡山県が出資する第三セクターが運営に携わった．1997年に開園したものの，年々入園者数が減少し，2008年に閉園した．閉園後は，都市公園である「倉敷みらい公園」，複合商業施設である「アリオ倉敷」，そしてアウトレットモールである「三井アウトレットパーク倉敷」として利用されている（図6-11）．

5．世界遺産と観光

　岐阜県北西部の庄川流域に位置する白川村は，合掌造りの白川郷（図6-12）で知られる村である．1995年に，富山県五箇山とともに世界文化遺産に登録された．庄川沿いには平地が限られており耕地面積も小さかったため，長男以外の分家が困難であった．白川郷の特徴である大規模な合掌造り民家は，そうした条件のもと大勢の家族が同居せざるを得なかったことを反映したものである．また，屋根裏部屋の存在も合掌造りの特徴の一つである．農地を減らしてまで敷地を広くできないし，融雪池のスペースも必要となる．必然的に，屋内空間の効率的な利用のため，広大な屋根裏部屋を確保する必要があった．

　高度経済成長期に入ると，庄川水系のダム開発による離村，大都市圏への人口流出，外部企業による山林や土地の買収がすすめられ，合掌造りが減少しはじめた．そうした中で，地域住民の中から合掌造りを保存しようとする意識が高まるようになり，1971年に「白川郷荻町集落の自然環境を守る会」が発足，1972年には合掌造り民家園が開園された．さらに，1976年には重要伝統的建造物群保存地区に指定され，観光地としての地位が確立された．その後，1995年の世界文化遺産への登録により，さらに観光客が増大した（図6-13）．

　一方で，観光客の増加は，地域にとって好ましいことばかりではない．白川郷は，単に見学施設ではなく，実際に居住している人々が存在する．住民の許可なく民家に立ち入ったり，建物内部をのぞくなどの行為が後を絶たず，住民のプライバシーが侵害されている現実もある．

図 6-12　白川郷の合掌造り（白川村）

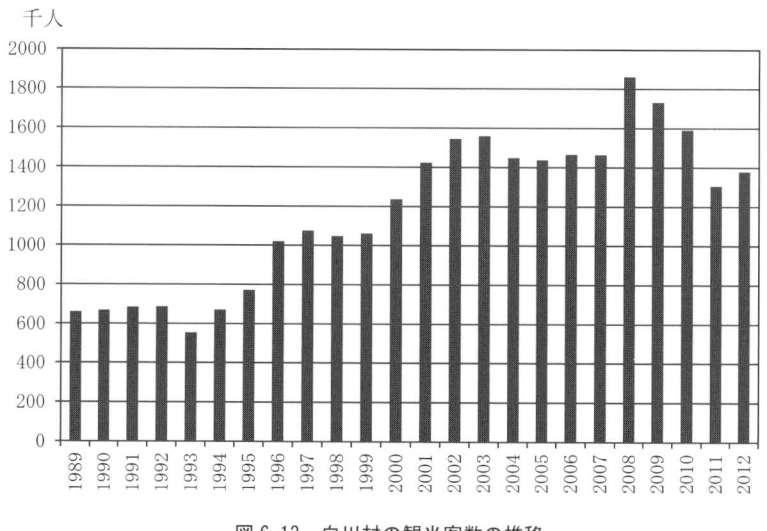

図 6-13　白川村の観光客数の推移
（白川村のホームページをもとに作成）

また，大型バスや乗用車が集落内にまで乗り入れることで，大渋滞が発生するという事態も生じてきた．これに対し，白川村では，大型バスの集落内への乗り入れを規制したり，集落内の公営駐車場を廃止するなどして，世界遺産の観光地としての価値を保持する取り組みを始めている．

6．新たな観光の形

観光の形態は，団体から個人へと変化してきており，観光の対象も多様化している．有名な

図 6-14　水木しげるロード（境港市）

　寺社，景勝地が有力な観光資源であることに変わりはないが，これまで観光資源とならなかったものが，独自の視点から観光資源に変わる例も多い．
　その一つが「聖地巡礼」である．一般的には，宗教的に聖なる場所を訪れることを指し，代表例としてイスラム教における聖地メッカへの巡礼や，伊勢神宮への巡礼（お伊勢参り）などが挙げられる．しかし，最近では，アニメや漫画の熱心なファンが，作品に登場する場所，施設を訪れることも「聖地巡礼」と呼ばれており，若い世代にとってはこちらの方の印象が強いようである．「聖地巡礼」ブームを引き起こしたといわれるのが，アニメの『らき☆すた』である．埼玉県鷲宮町（現在は久喜市の一部）にある鷲宮神社がこのアニメに登場したことにより，『らき☆すた』ファンがこの神社を訪れるようになった．この現象が注目を浴び，町役場や商工会が観光振興，まちづくりイベントを積極的に開催するようになった．『らき☆すた』をきっかけに，全国的に「聖地巡礼」が行われるようになっている．
　また，アニメ，漫画の作者の出身地を訪ねるタイプのものもある．鳥取県境港市の「水木しげるロード」は，『ゲゲゲの鬼太郎』の作者である水木しげる氏と妖怪をテーマにした商店街である（図 6-14）．境港市では，主要産業である水産業の不振や大型商業施設の郊外立地などにより，中心商店街の衰退がすすんでいった．1990年代に入り，そうした状況を打破するため，境港市出身の水木しげる氏を核とするまちづくりを行うようになった．これが功を奏し，「水木しげるロード」を訪れる観光客が増加した．2003年には，水木しげる氏の作品などを展示した「水木しげる記念館」がオープンした．2010年に放送されたNHKドラマ『ゲゲゲの女房』のヒットも，観光客増加に拍車をかけた．
　地域の食を味わう旅行であるフードツーリズムも近年盛んである．フードツーリズム自体は，1960年代頃から存在する（表 6-4）．この時代の特徴は，日本海のカニ，京都の懐石，下関のフグなど，高級食材や料理を楽しむ旅行が中心であった．しかし，近年みられるのは，B級（ご当地）グルメに代表されるような庶民的な名物料理を楽しむ旅行である．これまでは決して観光資源ではなかった庶民の食が，新たに観光客を呼び込む核となっている．この流れをつくっ

表 6-4 フードツーリズムの時代区分

フードツーリズムの時代区分	食に関する主な出来事
フードツーリズムの胎動 （1945 ～ 1963 年）	旅行団体会席料理普及 味覚狩り旅行一般化 旅行団体会席料理高級化
フードツーリズムの誕生・成長 （1964 ～ 1989 年）	高級シティホテル登場 「味覚クーポン」発売 小京都・離島ブーム 『るるぶ』発行 カニ三昧ツアー人気 グルメツアー定着・拡大 「アンノン族」旅行活発 食べ放題ツアー人気 買い物バスツアー人気 温泉・グルメブーム 旅館料理個性化・洗練化 喜多方ラーメンブーム ご当地ラーメンブーム
フードツーリズムの拡大 （1990 年～）	B 級グルメ登場・拡大 グリーンツーリズム登場 「道の駅」登場 讃岐うどんブーム B 級グルメブーム B-1 グランプリ開催 オーベルジュが注目 「名古屋めし」ブーム 『ミシュランガイド』発刊

（安田亘宏『フードツーリズム論』古今書院, 2013 年, をもとに作成）

図 6-15 御堂筋のイルミネーション（大阪市）

たのが，ご当地グルメを通じてまちおこしの日本一を争う「B-1 グランプリ」であり，このイベントで優勝した地域には観光客数が増加し，まちづくりに寄与している．

都市観光にも新たな形がみられる．都市には，各種の商業施設，公園，娯楽施設が集積して

おり，それらが有力な観光資源となっているが，各施設の利用だけでなく，その周辺地区を回遊し，都市の持つ雰囲気を楽しむことも都市観光の魅力である．この点に着目し，回遊の魅力を高めるために，自治体が中心となって街路をイルミネーションで彩るイベントが近年増えてきた．

　大阪では，2003年より中之島周辺の公共施設などをライトアップする「OSAKA光のルネサンス」が，2008年より御堂筋をイルミネーションで彩る「御堂筋イルミネーション」が開催されている（図6-15）．2013年からは，全体のイベント名を「大阪・光の饗宴」に変更し，「OSAKA光のルネサンス」と「御堂筋イルミネーション」をコアにして，大阪市中心部の各所で民間等によって実施されている光プログラムとの提携を強化するようになった．

7章 交通

1. 交通の発達と都市の地域構造モデル

　人間生活が円滑に行われるために，日々の移動は欠かせないものである．自宅から小売店への買い物，職場への通勤，学校への通学など，当たり前のように移動は日々発生している．社会が複雑化するにつれて日々の移動も多様化，長距離化してくるが，これは交通の発達によって可能になってきたといえる．

　交通の発達は，地域構造にも大きな影響を与えてきた．以下では，伝統的な都市の地域構造モデルを，交通と関連づけて紹介する．最も有名なモデルとして知られているのが，同心円モデル（図7-1）である．同心円モデルは，1925年に都市社会学者のバージェスによって発表されたものである．工業化のすすむ1920年代のシカゴの経験をもとに提唱されたこのモデルは，

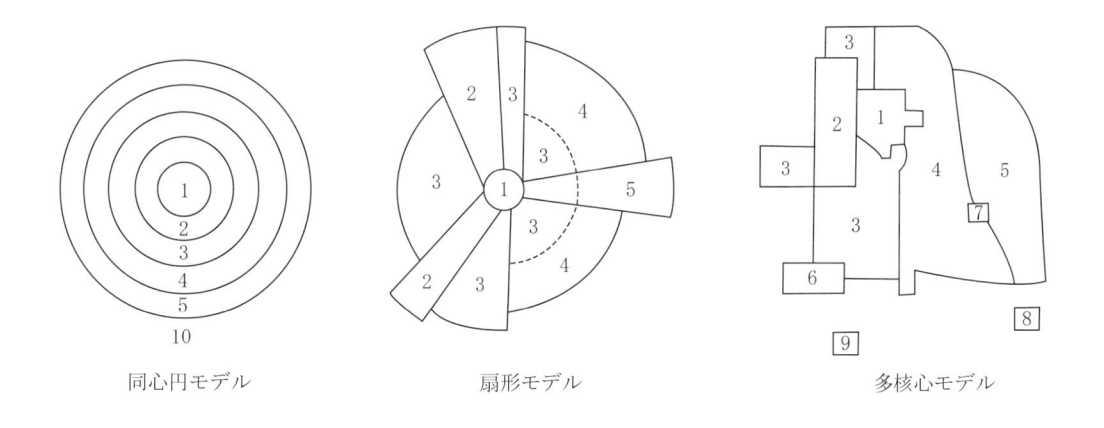

　　同心円モデル　　　　扇形モデル　　　　多核心モデル

1. 中心業務地区（CBD）
2. 卸売・軽工業
3. 低所得者住宅地区
4. 中産階級住宅地区
5. 高所得者住宅地区
6. 重工業
7. 周辺業務地区
8. 郊外住宅地区
9. 郊外工業地区
10. 通勤者居住地帯

図7-1　都市の地域構造モデル
（富田和暁・藤井正編『新版　図説大都市圏』古今書院，2010年，をもとに作成）

中心から周辺にかけて「中心業務地区→卸売・軽工業地区→低所得者住宅地区→中所得者住宅地区→高所得者住宅地区」という同心円状の土地利用パターンがみられることを示している．同心円という単純なパターンで示されているため，シカゴだけでなく他の都市の構造を説明する際にも用いられることが多い．

　モータリゼーションが本格化する前の主要な交通手段は鉄道であった．アメリカでは，19世紀半ば頃から20世紀初頭に，都市間を結ぶ鉄道交通が発達した．鉄道が開通し駅が設置されると，高い利便性，近接性を求めて多くの機能が駅周辺に立地しようとした．工場も例外ではなく，原料，製品の輸送のためには駅に近接することが望ましい．しかし，利便性，近接性が高ければ地価も高くなるため，駅付近には高地価に耐えられるオフィス，金融機関などが立地することになる．このため，駅付近が中心業務地区となる．駅から離れるほど地価は低くなるが，離れすぎると原料，製品の輸送に支障を来す．そこで，工場やそれに関連する卸売施設，倉庫などは，中心業務地区を取り囲むエリアに集積することになる．ただし，卸売の中でも，オフィスを構えて事業を行う場合は，都心を指向する（2章）．

　都市内部の交通が未発達の段階では，中心業務地区や卸売・軽工業地区で働く人々は，いずれも卸売・軽工業地区の近辺に居住せざるを得なかった．工場に近接しての生活は，決して衛生環境のよいものではなかったと思われる．その後，都市内部を路面電車などが走るようになると，移動可能範囲が拡大し，職場から離れた場所に居住することが可能になってくる．中心業務地区で働く所得の高い人々は，卸売・軽工業地区の近辺を避け，居住環境のよい郊外に住宅を持つようになった．所得が高いほど通勤費の負担が可能となるため，高所得者が最外部に居住するようになった．一方，卸売・軽工業地区で働く人々は，低賃金で長時間労働に従事することが多かったため，郊外に居住することは経済的，時間的に困難であった．結果として居住環境の悪い卸売・軽工業地区の近辺での生活を余儀なくされた．

　同心円状の土地利用パターンが形成される過程は以上のとおりである．ただし，現実の都市をみると，必ずしも同心円だけでは説明できない部分もある．土地経済学者のホイトは，アメリカの都市の地価分布が扇形の方向性を持っていることに着目し，1939年に扇形モデルを提唱した（図7-1）．これは，同心円状の都市構造を基本としつつも，放射状に伸びる交通路線に沿って同質的な土地利用がみられることを示している．さらに，地理学者のハリスとウルマンは，都市内部において核となる地区が，中心業務地区だけでなく複数存在することを明らかにし，多核心モデルを提唱した（図7-1）．このモデルが提唱された1945年には，すでにアメリカではモータリゼーションがすすみつつあった．自動車が普及すれば，相対的に鉄道の優位性が低下していくため，鉄道駅を中心とする同心円状の構造は自ずと弱まっていく．多核心モデルには，こうしたモータリゼーションの影響が反映されている．

2．日本における交通の発達と都市構造

　アメリカよりは遅れるが，日本においても明治時代に入ってから鉄道建設がすすめられるよ

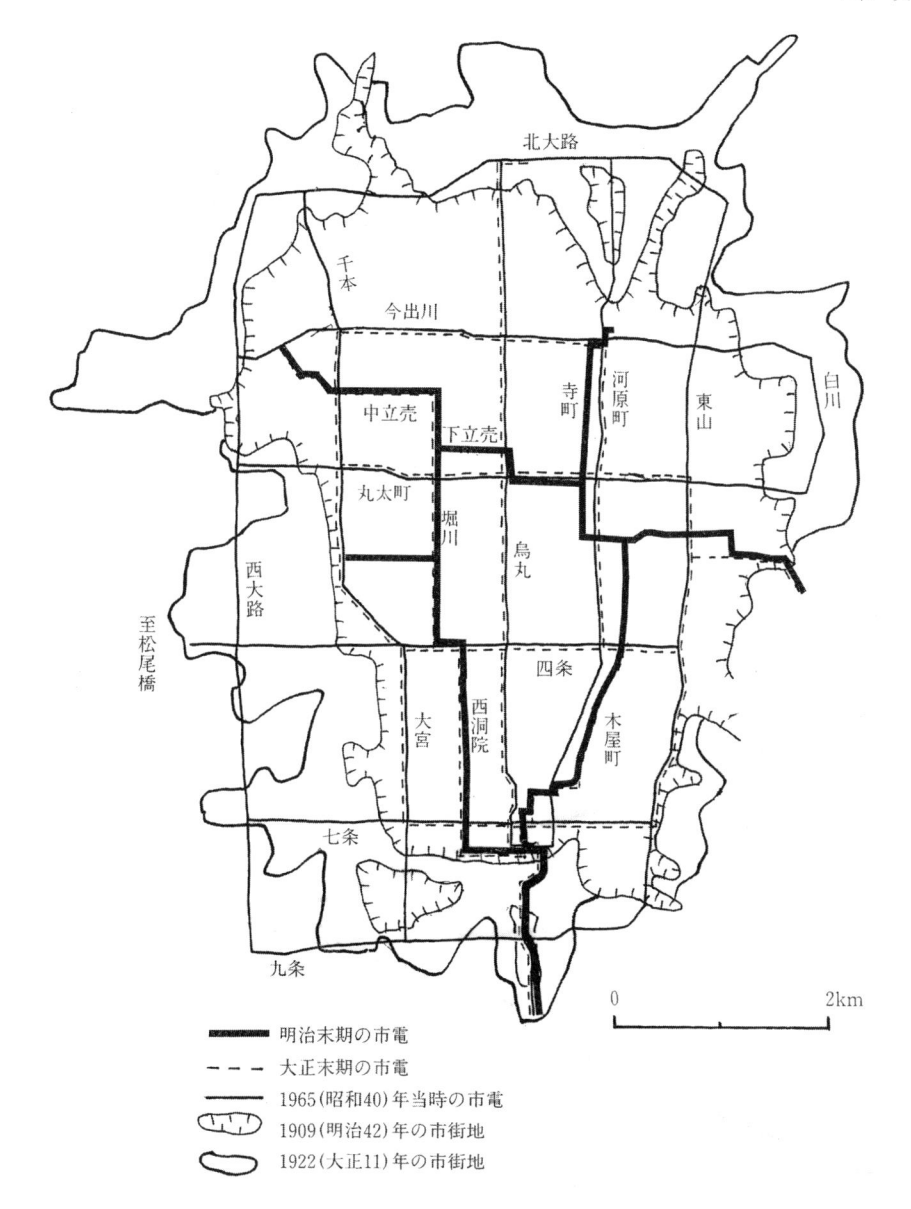

図 7-2　京都市の路面電車と市街地の拡張
(植村善博・香川貴志編『京都地図絵巻』古今書院, 2007 年)

凡例:
― 明治末期の市電
--- 大正末期の市電
― 1965(昭和40)年当時の市電
　 1909(明治42)年の市街地
　 1922(大正11)年の市街地

うになった．1889 年に東海道本線が全線開通し，東京，横浜，名古屋，京都，大阪，神戸の 6 大都市が鉄道によって結ばれた．日本の鉄道は，アメリカなど他の国と同様，まずは都市と都市を結ぶ鉄道として発展していった．江戸時代までの旧市街地からやや外れた場所に駅が設置される都市が多かったが，駅の設置とともに周辺の景観は一変した．駅周辺の道路整備がすすめられるとともに，オフィスや商業施設が立地するようになった．都市によっては，旧市街地の中心部を凌駕するほどに「駅前」が成長した．

　20 世紀に入ると，都市内部を路面電車が走るようになった．日本の路面電車は京都で始まった．1895 年，京都電気鉄道（1918 年に京都市に買収される）が京都駅と伏見稲荷を結ぶ路線

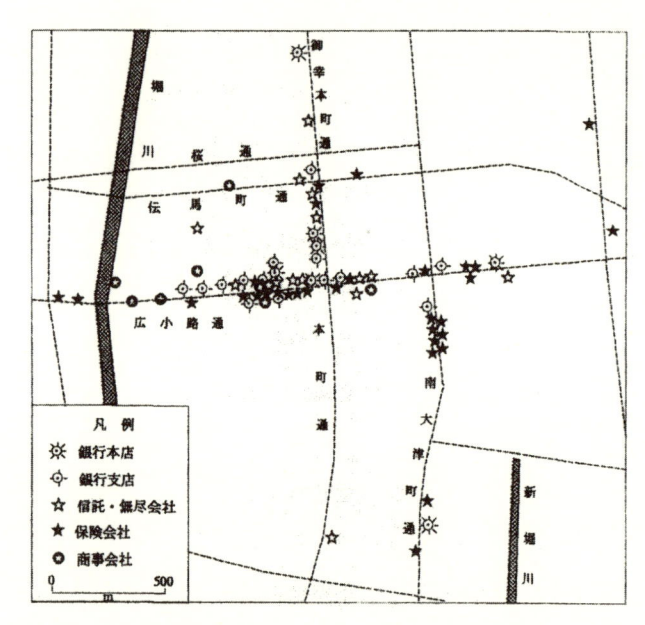

図 7-3　名古屋市都心部の銀行・証券・保険・商事会社（昭和10年）
（林上『近代都市の交通と地域発展』原書房，2000年）

として伏見線を開通させた．当初は観光客を輸送する側面が強かったが，路線網が発達するにつれ，通勤や買い物の足としての役割を担うようになった．路線網の発達は，市街地の拡大に大きく寄与した．図7-2からは，路面電車の延伸にともない市街地が拡大していく様子が読み取れる．

　路面電車の開通は，都心機能の立地移動ももたらした．図7-3には，戦前の名古屋市都心部における金融機関の立地状況が示されている．明治初期までの名古屋のメインストリートは，名古屋城と熱田神宮を結ぶ南北の本町通や，美濃路の一部である伝馬町通であった．しかし，1898年に路面電車が笹島（名古屋駅の南側）から県庁（栄町）を結ぶ形で広小路通に開通すると，金融機関の多くが広小路通に移転し，新規の店舗も広小路通に立地するようになっていった．金融機関だけでなく，商業施設なども広小路通に集積するようになり，メインストリートが名実ともに本町通から広小路通へと移動していった．

　戦後，路面電車は急速に衰退していった．1960年代に入って都市内に自動車があふれるようになり，路面電車の定時性が確保できなくなってきたことが背後にある．この時代に路面電車を廃止する都市が相次いだ．1932年には65都市において路面電車が運行されていたが，2010年には17都市にまで減少している（図7-4）．

　路面電車に代わって都市内の交通の主役となった自動車は，一家に一台，やがては一人に一台と言われるまでに普及した．国土を貫く高速道路，大都市の都市高速道路，大都市圏の環状道路などが整備されるにつれ，大都市圏の構造も自動車交通を前提としたものに変容しつつある．とはいえ，都心から放射状に伸びる高密度の鉄道路線は日本の交通の大きな特徴であり，現在でも東京，大阪両大都市圏における鉄道の利用割合は高い．このため，アメリカのような

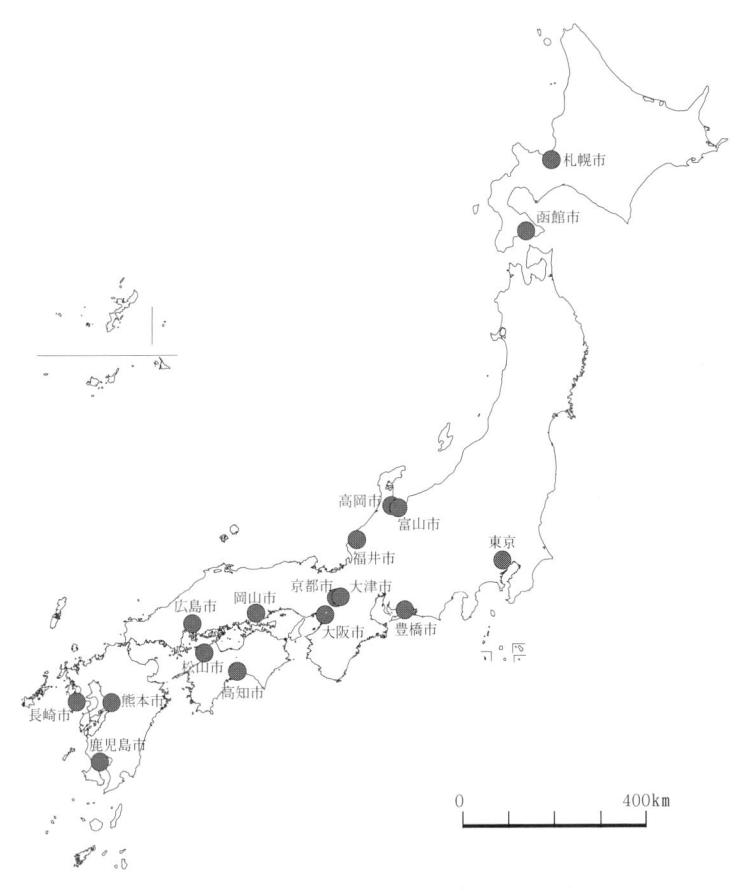

図 7-4　路面電車が運行している都市（2010 年）

多核的な大都市圏構造が発展するまでには至っていない．

3. 新たな交通手段と都市構造

　自動車の普及は，郊外への大型店の立地を促進し，都市中心部の衰退を招いてきた．特に問題なのは，都市中心部にとどまらざるを得ない高齢者や低所得者が商品の購買先を失う「買い物難民」の発生であり，フードデザート（食の砂漠）問題として関心が高まりつつある（図7-5）．都市によっては，中心部に居住する人々の健康問題にまで発展することもある．高齢化がすすむ中，都市中心部の再生は喫緊の課題となっている．

　こうした中で，路面電車が再評価されつつある．自動車を運転できない高齢者の足としての役割はもちろんであるが，地球規模の環境問題への対応から，排気ガスを出さない交通手段としても期待されている．廃止された路面電車を復活させようとする動きもあるが，LRT（Light Rail Transit）と呼ばれる次世代型路面電車の導入を試みる都市も出てきた．LRT とは，国土交通省によれば，「低床式車両の活用や軌道・電停の改良による乗降の容易性，定時性，速達性，快適性などの面で優れた特徴を有する次世代の軌道系交通システム」である．日本では，2006

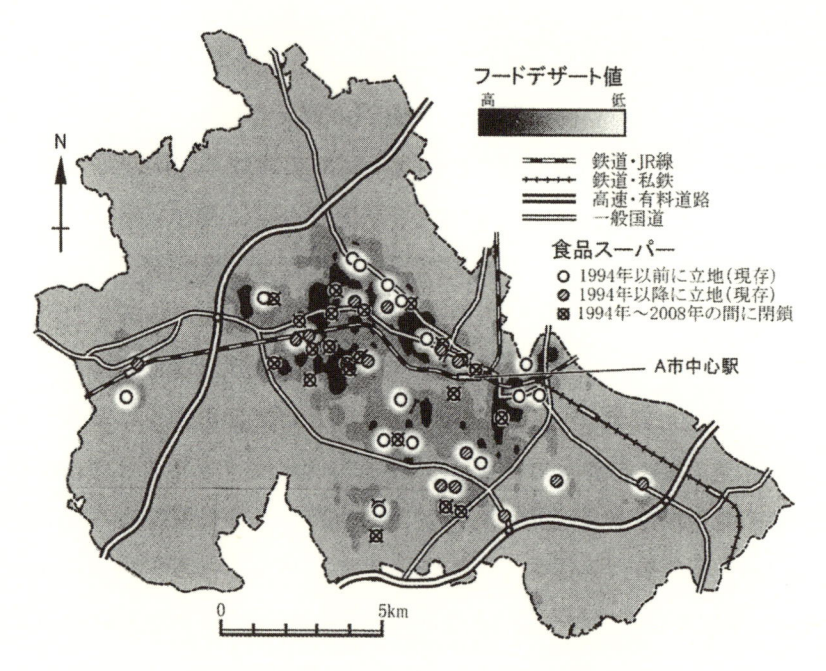

図 7-5 ある都市におけるフードデザートの状況
（岩間信之『フードデザート問題』農林統計協会，2011 年）

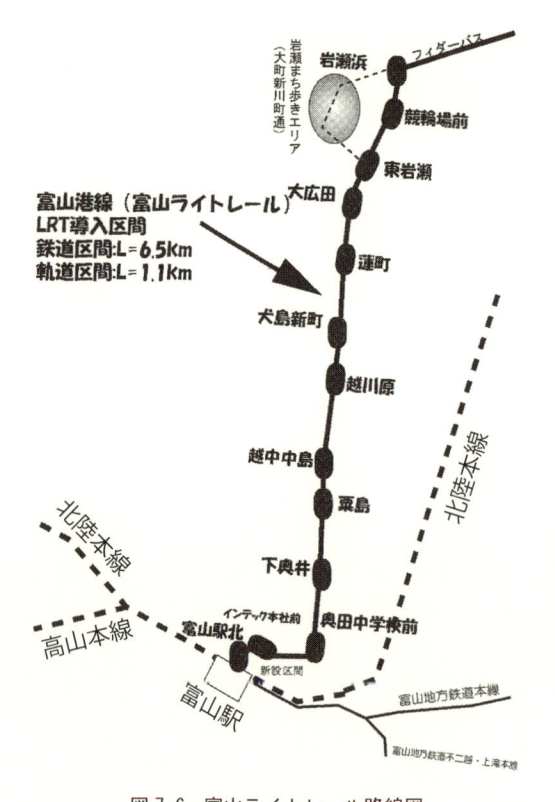

図 7-6 富山ライトレール路線図
（近畿都市学会編『21 世紀の都市像』古今書院，2008 年）

年に富山ライトレールによって開業されたのが始まりとされる．廃線となったJR富山港線を富山ライトレールが引き継ぎ，そこにLRTを運行させた（図7-6）．

欧米では，郊外から都市中心部への自動車の乗り入れを制限し，歩行者と公共交通のみの空間であるトランジットモールを実現している事例も多い．日本でもいくつかの都市で社会実験がなされ，導入がすすみつつある．2007年から導入されている那覇市では，観光客で賑わう国際通りにおいて，日曜日の正午から午後6時までの間一般車両の乗り入れを禁止している．

また，都市周辺の駅で自動車から公共交通に乗り換えて都市に流入するパークアンドライドを促す政策が実施されている都市は多い．行政，鉄道会社，民間が協力し，パークアンドライドを実行した人に駐車料金割引サービスを提供するのもその一例で

表 7-1 交通分野における規制緩和

交通事業分野	事業への参入	事業からの退出	運賃・料金の決定	法律の公布・施行時期
旅客鉄道事業	路線毎の免許制 →路線毎の許可制	許可制 →事前届出制 （1年前）	認可制 →上限認可制の下での事前届出制 （変更命令可能）	公布1999年5月21日 施行2000年3月1日
貨物鉄道事業	参入の許可に際しての需給調整要件の廃止	許可制 →事前届出制 （6カ月前）	上限の認可等の事前規制 →廃止	公布2002年6月19日 施行2003年4月1日
乗合バス事業	路線毎の免許制 →事業毎の許可制	許可制 →事前届出制 （6カ月前）	認可制 →上限認可制の下での事前届出制 （変更命令可能）	公布2000年5月26日 施行2002年2月1日
貸切バス事業	事業区域毎の免許制 →事業毎の許可制	許可制 →事後届出制	認可制 →事前届出制 （変更命令可能）	公布1999年5月21日 施行2000年2月1日
タクシー事業	事業区域毎の免許制 →事業毎の許可制	許可制 →事後届出制	認可制 →認可制（認可基準を上限価格の基準に変更）	公布2000年5月26日 施行2002年2月1日
トラック事業	許可制	届出制	事前届出制・変更命令可能 →廃止	公布2002年6月19日 施行2003年4月1日
貨物運送取扱事業	〈運送取次事業〉 登録制 →廃止 〈第一種利用運送事業〉 許可制 →登録制 〈第二種利用運送事業〉 幹線輸送機関を航空及び鉄道に限定 →海運による幹線輸送も対象に追加	届出制	事前届出制 →廃止	公布2002年6月19日 施行2003年4月1日
国内旅客船事業	航路毎の免許制 →航路毎の許可制	許可制 →事前届出制 （30日前，指定区間に係るものは6カ月前）	認可制 →事前届出制（指定区間に係るものは上限認可制の下での事前届出制）（変更命令可能）	公布1999年6月11日 施行2000年10月1日
港湾運送事業	主要9港について免許制 →許可制	主要9港について許可制 →事前届出制 （30日前）	主要9港について認可制 →事前届出制 （変更命令可能）	公布2000年5月17日 施行2000年11月1日
国内航空運送事業	路線毎の免許制 →事業毎の許可制	休止の許可 →路線の廃止に係る運航計画の変更届出 （原則6カ月前）	認可制 →事前届出制 （変更命令可能）	公布1999年6月11日 施行2000年2月1日

（林上『都市交通地域論』原書房，2007年，をもとに作成）

ある．SUICA，ICOCA など，近年普及している IC 乗車券を利用したパークアンドライドもすすみつつある．自動車を駅周辺のコインパーキングに停め，IC 乗車券を利用して鉄道を利用することで，駐車料金の自動割引が受けられる．

これらは，自動車の利用を前提としてきた都市の構造をあらため，環境や歩行者に優しい都市をつくっていく上で重要性を増している．

4．交通の規制緩和

安定的な公共交通サービスの提供を目的に，これまで日本では，新たな交通事業者の参入や既存交通事業者の退出を規制してきた．しかし，2000年代に入ってから，各種の交通事業分野において規制が緩和されるようになった（表7-1）．多くの事業分野において，事業への参入においては免許制から許可制へ，事業からの退出においては許可制から事前届出制へと変更された．

規制緩和のメリットとして，新たな交通事業者の参入にともなう競争により，サービスの向上や運賃の引き下げがなされるという点がある．特に，交通需要の大きい大都市において，このメリットを享受できる可能性が高い．京都市では，市営バス中心のバス路線網が形成されていたが，規制緩和を契機に民営バス会社が参入を申請した．市営バスよりも安い運賃での申請がなされたことから，市営バス側はこれに対抗する形でサービスの向上をはかるようになった．均一運賃区間内すべてを乗り放題にする「市バス通勤フリー定期券」を発売したり，京都市中

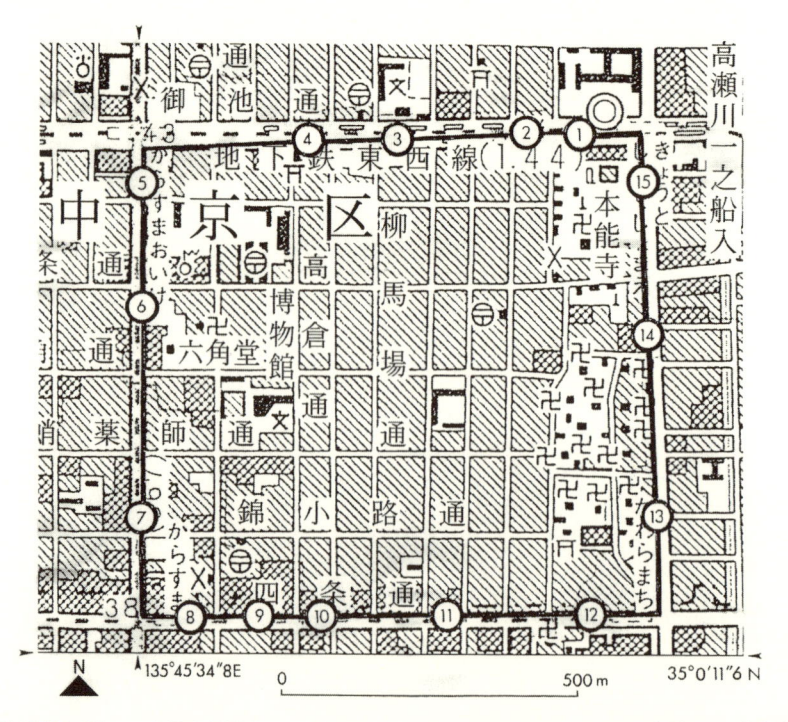

（停留所名称）1：京都市役所前，2：御幸町御池，3：柳馬場御池，4：堺町御池，5：烏丸御池，6：烏丸三条，7：烏丸錦小路，8：四条烏丸，9：四条高倉西詰，10：四条高倉東詰，11：寺町・新京極口，12：四条河原町西詰，13：四条河原町北詰，14：河原町三条南詰，15：河原町三条北詰

図7-7　京都市の100円バスの路線図
（香川貴志「京都市都心部における100円バスの運行経緯と実情」『立命館地理学』15，2003年）

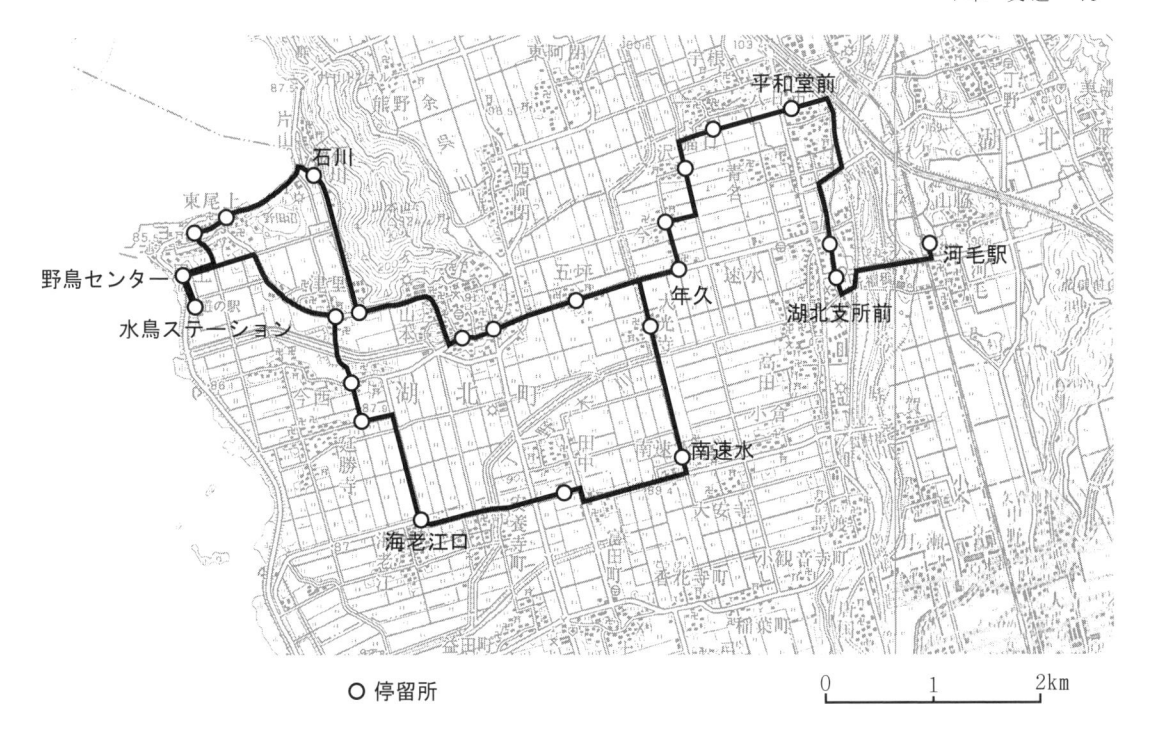

図 7-8 長浜市湖北町のコミュニティバス（こはくちょうバス）の路線図
当地区には，びわこ線系統と小谷山線系統があるが，びわこ線系統の主要部のみ表示してある．
主要な停留所のみ表示してある．
（長浜市のホームページおよび 5 万分 1 地形図「竹生島」「長浜」ともに平成 19 年修正，をもとに作成）

心部を 100 円で循環する路線（図 7-7）を新たに設けたりしたことなどがその例である．

　一方，規制緩和は，交通事業者の参入を容易にしたと同時に，退出も容易にした．これにともない，不採算路線からの交通事業者の撤退が相次いだ．特に，バス事業において，深刻な問題が引き起こされた．不採算のバス路線の多くは，高齢化のすすむ地方にあるため，撤退後に高齢者の移動手段がなくなる事態に直面するようになった．これに対応して，近年はコミュニティバスの運行が増えている．コミュニティバスとは，自治体が民営バス会社などに運行を委託して走らせるものであり，民営バス会社の撤退により交通空白地域となったところや，もともとバス路線のなかったところを走るなどして，周辺住民の交通手段の確保に努めている（図 7-8）．ただし，地方の人口密度の低い地域を走るコミュニティバスの多くは赤字であり，そこに多額の税金が投入されているのが現状である．自治体の財政難が深刻化する中，コミュニティバスの存廃は今後の課題である．

8章 工業

1. 工業立地の分類

　産業革命以降，工業は地域に影響を与える大きな要素となってきた．工業の立地は，経済成長を促進するというプラスの影響だけでなく，環境悪化などマイナスの影響もその地域に与えた．20世紀の日本は，良くも悪くも工業の動向に左右された時期であったといえる．

　工業立地が地域に影響を与えるとともに，地域のもつ諸条件が工業立地に影響を与えてきた．工業が立地するための条件として，自然，労働力，市場，交通などが挙げられる．こうした条件をもとに，工業立地の分類がなされることがある．その代表例として，原料指向型，市場指向型，労働力指向型，交通指向型などがある．

　原料指向型とは，原料の産地に近接して工業が立地するものである．原料がかさばったり，加工過程でその重量が大幅に減少する場合は，原料の産地で加工してから輸送したほうが輸送費が少なくて済む．セメント工業，石灰工業などはその典型例である．図8-1は，石灰製造工場の写真である．この図のように，石灰石を原料として石灰を製造する工場は，石灰石の産出地に立地することが多い．

図8-1　石灰工場（大垣市）

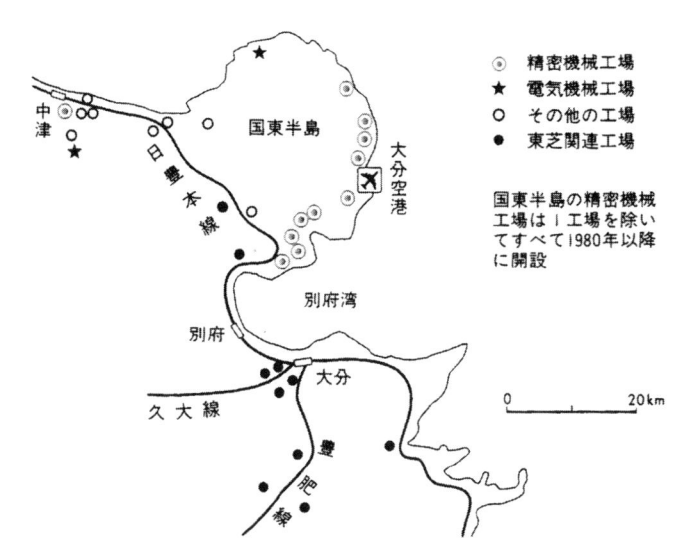

図 8-2 大分空港周辺の工場分布（1985 年）
（山村順次編『図説　新・日本地理』原書房，2008 年）

　市場指向型とは，市場（消費地）に近接して工業が立地するものである．例えばビール製造では，原料となる水はどこにでもあるし，製造の過程で水の重量は減少しない．そのため，ビール工場は消費地に近い場所に立地するのが望ましい．ただし，消費地の中心である大都市では，高い地価を負担できないため，大都市の郊外に立地する傾向がある．

　労働力指向型とは，安価な労働力，高度な技術をもつ労働力など，特定の労働力を指向して立地するものである．例えば，繊維工業では多くの女性労働力を，精密機械工業では熟練した労働力を必要としている．

　交通指向型とは，交通利便性の高い場所を指向するものである．原料を輸入に頼る石油化学工業などは臨海部に立地し，半導体や精密機械のように製品の重量が小さくて価格が高い業種は，航空機による輸送を指向して空港付近に立地する（図 8-2）．

　こうした分類は典型例を示すものであり，実際にはいくつかの条件が組み合わさることが多い．また，国や地方自治体によって，工業立地が促されたり抑制されたりすることもあるため（9 章），上記の分類に当てはまらないパターンも少なからず存在する．

2．4 大工業地帯の成立

　日本の近代工業は，19 世紀末の軽工業に始まり，20 世紀に入って重工業が急速に成長していった．重工業の成長は，京浜，阪神，中京，北九州の 4 大工業地帯を成立させ，日本の経済成長を牽引した．

　これらの工業地帯の特性は異なる（図 8-3）．戦前に最大の工業地帯であったのは阪神であり，繊維のほか金属加工の比重が高かった．19 世紀末に大阪湾の臨海部に紡績工場が立地し，その後は金属工業も立地するようになった．こうして，繊維と金属からなる阪神工業地帯の基盤

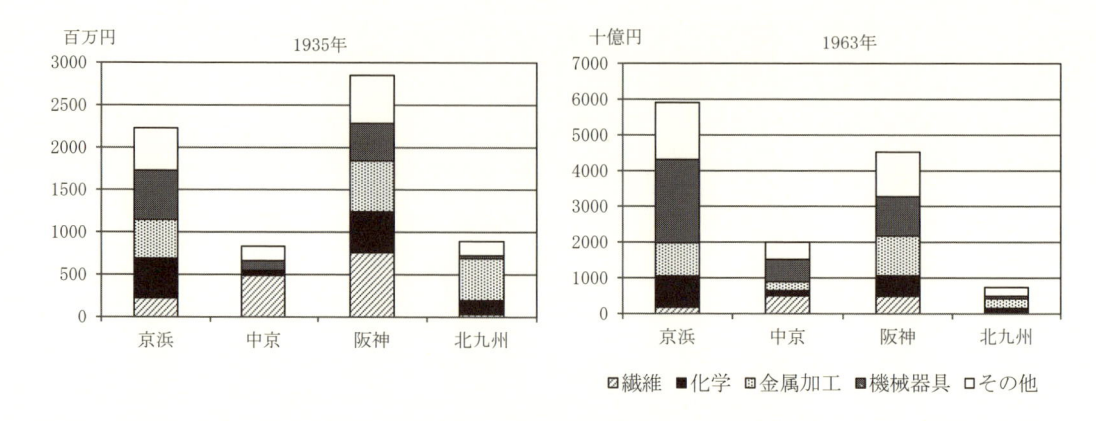

図 8-3　4大工業地帯の製造品出荷額（1935年，1963年）
（池口小太郎『日本の地域構造―地域開発と楕円構造の再建』東洋経済新報社，1967年，をもとに作成）

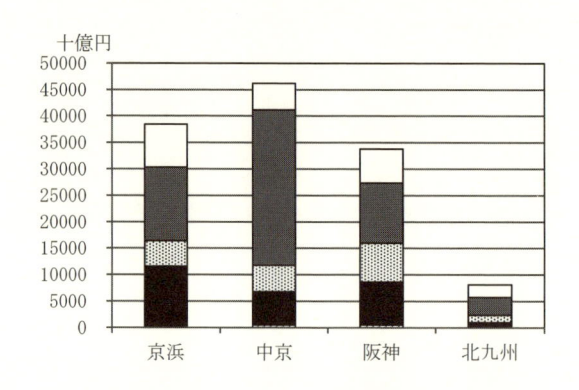

図 8-4　4大工業地帯の製造品出荷額（2012年）
（『経済センサス 2012 年版』をもとに作成）

が形成された．また，現在では工業地帯としての性格を失っている北九州も，戦前は出荷額が高かった．北九州の成長は，1901年の官営八幡製鉄所の立地によって始まる．官営製鉄所の選定にあたっては，製鉄の燃料である石炭を，近接する筑豊地域から調達できるという地理的条件が評価されたといわれる．この製鉄をはじめ金属加工の集積が著しく，大規模工場も多かった．名古屋を中心とする中京は，小規模工場の多い繊維が中心であったため，北九州よりも出荷額は少なかった．

戦後に入ると，阪神，北九州の停滞と京浜の成長がはじまる．停滞した阪神，北九州に共通するのは，両工業地帯の中心的な業種であった金属加工の比重低下を他の業種の成長によって補完できなかったことである．いずれも臨海部に鉄鋼業の大規模な工場を有していたが，こうした重厚長大型の産業が頭打ちを迎えた．京浜は，戦後における東京大都市圏の人口増加で消費地としての重要性が増したことにより，工業の集積もすすんだ．1963年の出荷額をみると，特に機械工業の比重が高いのが京浜の特徴であった．この段階では，まだ中京は繊維の占める割合が高く，出荷額も京浜，阪神に及んでいない．中京が成長を遂げるのは，自動車産業が急

速に成長した1970年代以降のことである．2012年の出荷額の業種別構成をみると（図8-4），出荷額は中京が最大であり，自動車関連産業の集積を示すと考えられる機械工業の割合は極めて高い．

3．工業の分散

高度経済成長期に入り，主要な大都市では，オフィス，商業施設，工場などの集積が顕著になった結果，地価が大幅に上昇した．広い敷地を必要とする工場は，高い地価を負担することが困難になり，次第に大都市から郊外へと分散していった（図8-5）．また，工業再配置促進法など，政策的に大都市からの工場移転が促進されるようになったことも，郊外への工場分散に影響を与えた．

大都市圏の郊外だけでなく地方圏への工場分散もすすんだ．全国総合開発計画における新産業都市や工業整備特別地域，新全国総合開発計画における大規模プロジェクト構想，第三次全国総合開発計画における定住圏構想など，国土政策としても地方圏への工業機能の分散が促さ

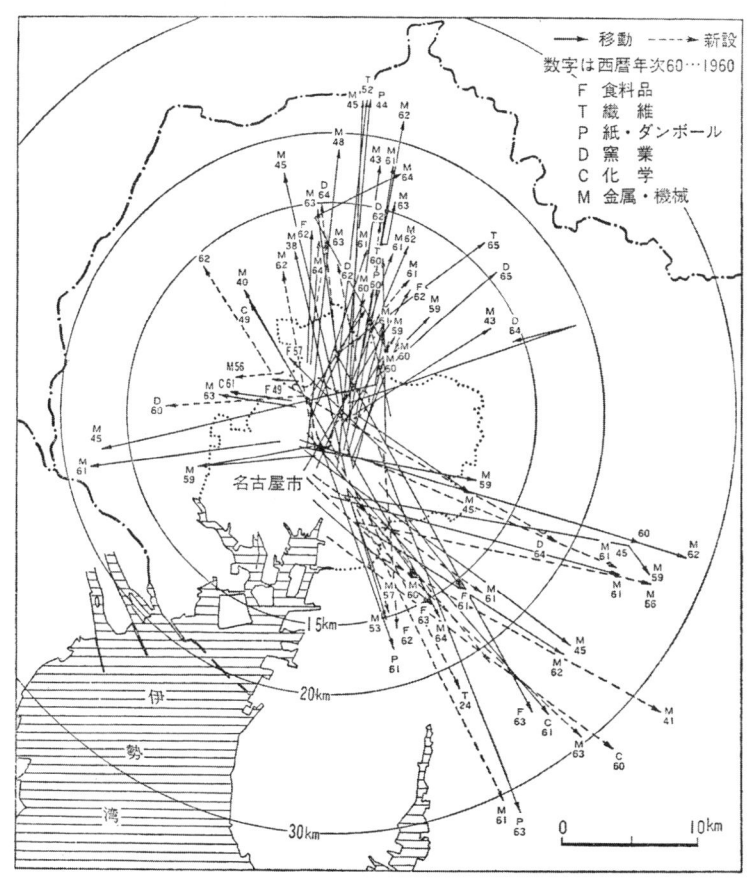

図8-5　名古屋市からの工場分散
（栗原光政『工業地域の形成と構造』大明堂，1978年）

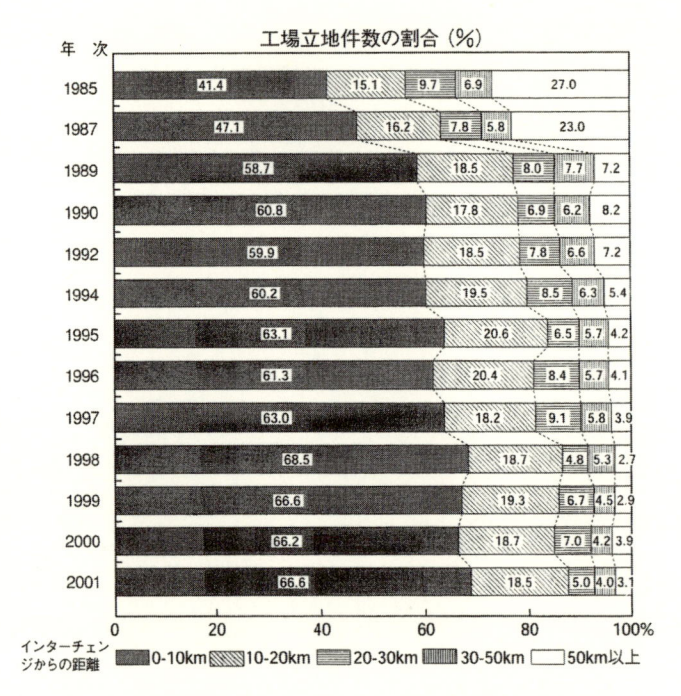

図 8-6　高速道路のインターチェンジからの距離と工場立地
（林上『都市交通地域論』原書房，2007 年）

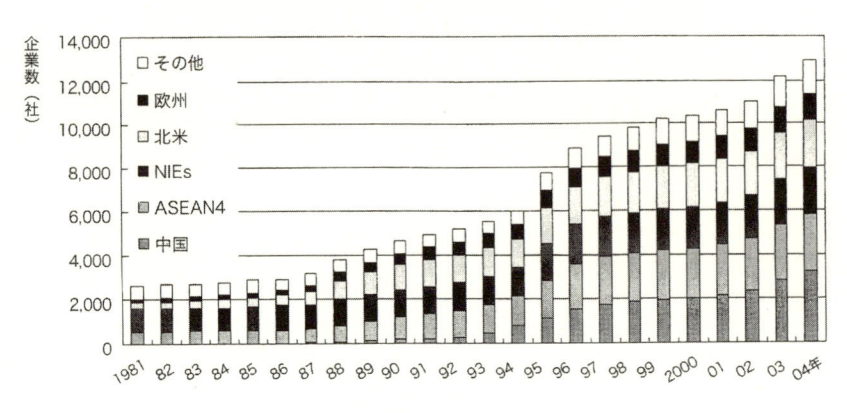

図 8-7　日本の製造業の海外現地法人数の推移
（林上『社会経済地域論』原書房，2008 年）

れた（9 章）．こうした国土政策に該当しなくとも，地方圏に位置する自治体では，独自に企業誘致条例を制定して，積極的に誘致活動を行ってきた．

　地方圏への工場立地がすすんだ背景には，政策的側面だけでなく，交通条件の改善もある．高速道路を中心とする全国的な道路網の整備により，地方圏においては，消費地である大都市圏や輸出の結節点である港湾とのアクセスが向上した．工場の立地にあたって，高速道路のインターチェンジへの近接は重要な要素であった（図 8-6）．

　最適立地を求める製造業企業にとって，工場の分散先は国内にとどまらない．日本の工業における海外進出は，1970 年代以降にすすんだ．1980 年代後半には，貿易摩擦問題を抱えるア

メリカなどでの現地生産が増加したが，1990年代に入ると，国際競争の激化にともない，より安い人件費を指向して発展途上国であるアジア諸国へ進出するようになった（図8-7）．発展途上国側には，先進国の製造業を受け入れることで，その生産技術や生産方法を自国の工業生産力の向上に役立てようとする意図もある．

4. 国内に残された製造業

製造業は，海外進出をすすめることで，国際競争に対応しようとした．その一方で，日本国内では産業の空洞化が懸念されるようになった．先述の通り，地方圏の自治体では企業誘致条例を制定して工場の誘致に努めてきたが，十分な成果を上げられていないところも多い．企業にとって，進出先の自治体による税制の優遇などが進出の条件であるのはもちろんであるが，同時に進出先地域における豊富な低賃金労働力の存在も重視してきた．1980年代のバブル経済期を境にして，地方圏の人件費も高まってきたため，低賃金労働力の活用という地方圏の魅力も失われていった．低賃金労働力を指向する工場は，さらなる低賃金労働力を求めて海外へと立地移動していくことが多い．

対照的に，大都市には，高い技術力を背景に産業集積を維持している地域もある．高度経済成長期に，大手製造業（完成品メーカー）が成長，拡大していく中，それら大手製造業に部品，金型などを納入する中小零細企業も大都市内部に集積した．この代表例が東京都大田区（図

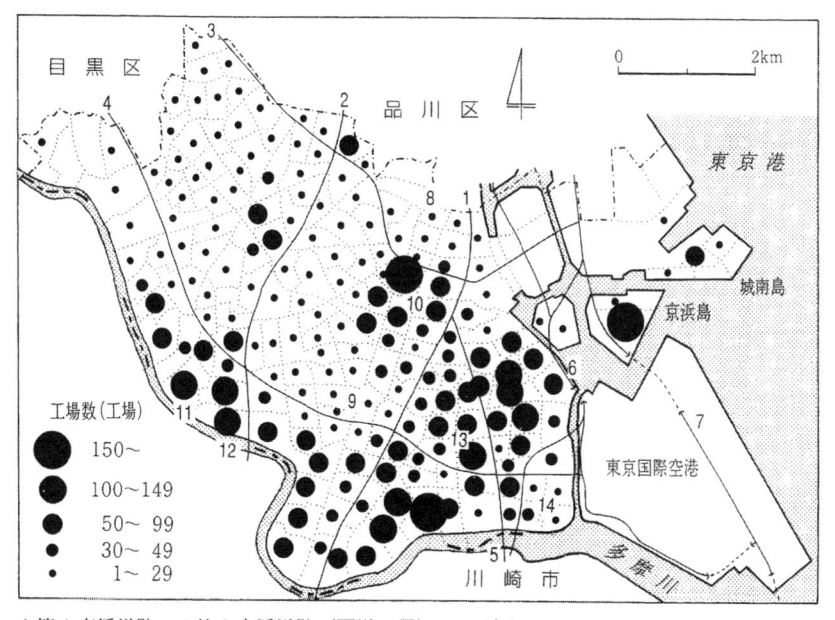

図8-8 東京都大田区の工場分布（1995年）
（竹内淳彦編『環境変化と工業地域 改訂版』原書房，2006年）

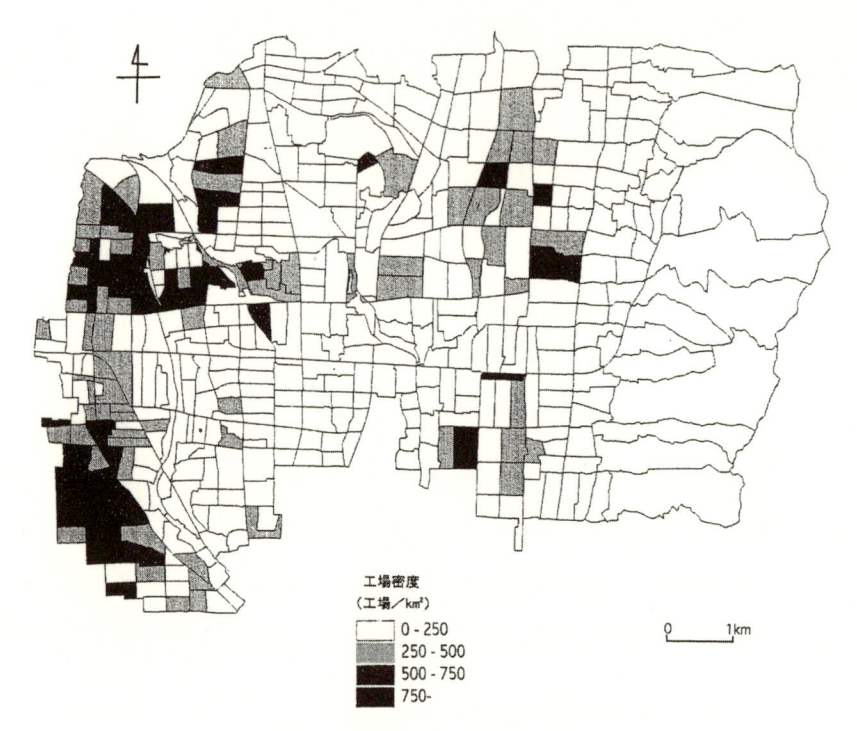

図 8-9　東大阪市の工場分布（1995年）
（植田浩史編『産業集積と中小企業』創風社，2000年）

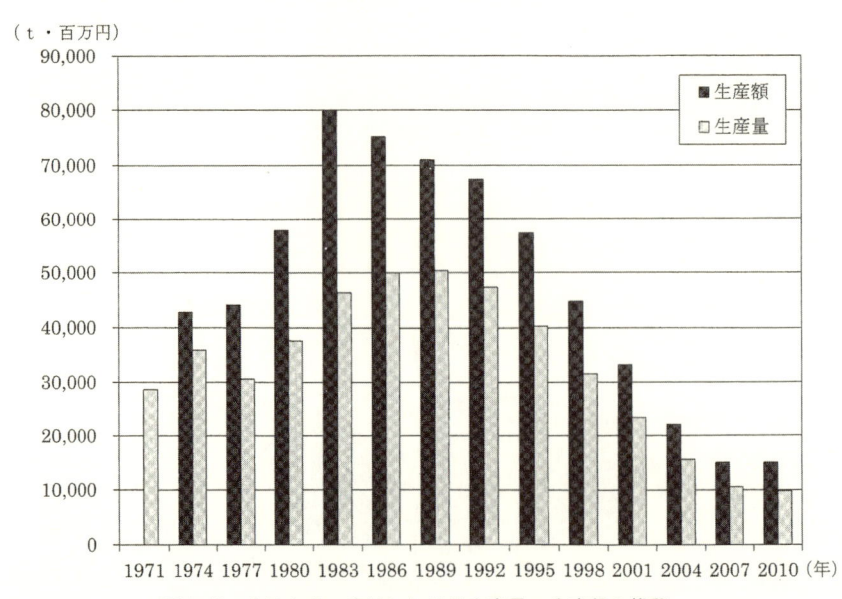

図 8-10　今治タオル産地における生産量・生産額の推移
（塚本僚平「地場産業の産地維持とブランド化」『経済地理学年報』59-3，2013年）

8-8) や東大阪市（図 8-9）であり，主な取引先である大手製造業の要求に応えられるだけの技術を持った中小零細企業が多数存在する．確かに大手製造業の下請けという側面が強いものの，域内にある中小零細企業間の横のネットワークも充実しており，高い技術力の維持がなされている．

表 8-1 「今治タオルプロジェクト」の概要

年次	事業内容			
2006年度 (1年目)	ブランド マーク	ブランドマーク・ロゴの作成・導入 独自の認定基準の策定・運用 コンセプトレポートの作成	世界一の 産地づくり	今治基準 今治見本帳の制作検討 タオルソムリエ資格認定制度の導入検討 マイスター(技術者認定)制度の導入検討
	新商品開発	今治生まれの白いタオル 3つのモデル商品の開発 展示会出展	メディア プロモー ション	「今治タオルプロジェクト」プレス発表会/ 懇談会の開催 ホームページ/ブログの制作 タオルマイスター制度の構築に向けた検討
2007年度 (2年目)	展示会	インテリアライフスタイル2007 (6/6〜8) 今治タオルメッセ2007 (10/19) JAPANブランドエキジビジョン in Tokyo Designer's Week (10/31 〜11/4) JAPANブランドエキジビジョン in ギフトショー (2/5〜8)	メディア プロモー ション	伊勢丹新宿店での今治タオルコーナーの 常設販売スタート (9/12〜) 伊勢丹新宿店での名誉タオルソムリエ ×今治タオル商品の拡張 (9/25〜) 国立新美術館で「今治タオル」の販売開始 (1月〜) 名誉タオルソムリエによるキャラバン活動 産地今治へのメディア誘致活動 テレビ・雑誌・新聞等への掲載 ホームページ・ビデオ製作 伊勢丹新宿店のタオル売場リニューアルに より今治タオルコーナーをさらに拡張 (3/5〜)
	新商品開発	地域団体商標(今治タオル)の 登録 (7/6) デザイナー商品の開発 品質基準の見直し 今治タオルライブラリーの発表		
	世界一の 産地づくり	タオルソムリエ資格認定制度の実施 名誉タオルソムリエの認定 タオルマイスター制度の構築に 向けた検討		
2008年度 (3年目)	展示会	インテリアライフスタイル2008 in Tokyo (6/11〜13) 今治タオルメッセ2008 in Imabari (10/17) JAPANブランドエキジビジョン in Tokyo (10/30〜11/4) JAPANブランドエキジビジョン in Paris (1/22〜24) JAPANブランドエキジビジョン in New York (1/25〜2/7)	世界一の 産地づくり メディア プロモー ション	タオルソムリエ資格試験制度の実施 名誉タオルソムリエの認定 タオルマイスター制度の構築に向けた検討 伊勢丹新宿店での今治タオルコーナーの 常設販売 伊勢丹新宿店での名誉タオルソムリエ ×今治タオル商品の拡張 (9/25〜) 名誉タオルソムリエによるキャラバン活動 産地今治へのメディア誘致活動 テレビ・雑誌・新聞等への掲載 ホームページ・ビデオ製作
	新商品開発	デザイナー商品の開発		

(塚本僚平「地場産業の産地維持とブランド化」『経済地理学年報』59-3, 2013年, をもとに作成)

　これらの地域でも，主な取引先であった大手製造業の海外進出によって打撃を受け，企業数は減少してきた．しかし，域内における異業種交流を活発化させ，中小零細企業間のネットワークをさらに強化するなどにより，大手製造業に依存しない体質を強めてきた．また，行政も，産学連携の拠点を整備したり，域内企業の情報発信力を強化したり，受発注を斡旋するなどして，産業集積の支援に乗りだすようになってきた．この結果，域内の中小零細企業の開発力が強化されたとともに，もとから有していた高い技術が国内，さらには海外へと広まるようになっていった．

　最後に，地場産業の変容について考える．地場産業とは，特定の地域の資本や各種条件によっ

て同業種の中小企業が集積し，特産品を製造する産業である．各々の企業は小規模であるが，市場情報を共有したり，生産工程を企業間で分業するなどして，生産にかかる費用を最小限に抑えつつ利益を上げることが可能になる．これが地場産業における集積の利益である．

　しかし，地場産業も，1980年代の円高により輸出が不振に陥ったり，海外からの輸入品の増加によりシェアが縮小するなどの影響を受けている．こうした状況に対し，地場産業の側では，マーケティングの強化，新製品の開発，産地ブランドの構築など，さまざまな対策を講じている．愛媛県今治市のタオル産地を例にとると，1980年代以降，海外製の安価なタオルの輸入に押され，生産額が減少してきた（図8-10）．これに対し，2000年代に入ってから，国内，海外の展示見本市に出展したり，高品質の製品づくりに力を入れてブランドイメージを高めるとともに，産地ブランド構築のための具体的なプロジェクトを立ち上げた（表8-1）．この結果，「今治タオル」ブランドが浸透し，タオル産地としての今治の認知度も高まってきた．

9章　国土政策・都市政策

1. 国土政策の変遷

　地域の発展・衰退や地域構造の変化は，人々や企業による自由な諸活動によってのみ規定されるのではなく，現実には各種の政策のあり方に影響を受けることが多い．国土全体を視野に入れた政策は国土政策と呼ばれ，地域や都市レベルの政策は地域政策，都市政策と呼ばれる．地域政策や都市政策は，上位に位置づけられる国土政策の影響を受ける．

　戦後の日本における国土政策の代表的なものが，全国総合開発計画である（表 9-1）．国土総合開発法（1950 年制定）にもとづいて 1962 年に策定されたのが最初であり，後の計画と区別して一全総とも呼ばれる．それまでの 4 大工業地帯への工業集積の結果，それらの工業地帯と地方の格差が大きくなった．そこで，地方に工業を分散させることで格差の解消をはかる必要が生じてきた．ただし，地方に均等に工業を配置するのではなく，地域を限定して工業集積

表 9-1　全国総合開発計画の概要

	全国総合開発計画（全総）	新全国総合開発計画（新全総）	第三次全国総合開発計画（三全総）	第四次全国総合開発計画（四全総）	21 世紀の国土のグランドデザイン
閣議決定 策定時の内閣 背景	1962 年 池田内閣 1. 高度成長経済への移行 2. 過大都市問題，所得格差の拡大 3. 所得倍増計画（太平洋ベルト地帯構想）	1969 年 佐藤内閣 1. 高度成長経済 2. 人口，産業の大都市集中 3. 情報化，国際化，技術革新の進展	1977 年 福田内閣 1. 安定成長経済 2. 人口，産業の地方分散の兆し 3. 国土資源，エネルギー等の有限性の顕在化	1987 年 中曽根内閣 1. 人口，諸機能の東京一極集中 2. 産業構造の急速な変化等により，地方圏での雇用問題の深刻化 3. 本格的国際化の進展	1998 年 橋本内閣 1. 地球時代（地球環境問題，大競争，アジア諸国との交流） 2. 人口減少・高齢化時代 3. 高度情報化時代
目標年次 基本目標 開発方式等	1970 年 地域間の均衡ある発展 拠点開発構想	1985 年 豊かな環境の創造 大規模プロジェクト構想	おおむね 10 年間 人間居住の総合的環境の整備 定住構想	おおむね 2000 年 多極分散型国土の構築 交流ネットワーク構想	2010 から 2015 年 多軸型国土構造形成の基礎づくり 参加と連携

（国土交通省のホームページをもとに作成）

図 9-1　新産業都市と工業整備特別地域

を促す拠点開発方式を採用した点が特徴である．具体的には，新産業都市や工業整備特別地域の指定が挙げられる（図 9-1）．これらのうち，期待通りの成果を上げたのは，太平洋ベルトやその周辺に位置するごく少数の地区にとどまり，結果として太平洋ベルトとそれ以外との間の格差が拡大する状況が生じた．

　そこで，1969年に新全国総合開発計画（新全総）が策定された．人口や産業が太平洋ベルトを中心とする地域に集中したことを受け，新たな方針で地域格差の是正を図ろうとした．具体的には，地方において大規模工業基地などを建設し，新幹線や高速道路のネットワークによって中枢管理機能の集積する大都市と結びつけることが構想された．単なる地方への工業分散ではなく，新たな交通ネットワークと関連づけようとした点に特徴がある．しかし，新全総策定の数年後に発生したオイルショック以後，大規模プロジェクト構想が行き詰まりをみせるようになり，新全総の意義も薄れていった．

　第三次全国総合開発計画（三全総）は，人口の大都市集中が弱まり，低成長期に移行した状況をふまえて1977年に策定された．地方に残留する人々が増加しつつあった時代であり，そ

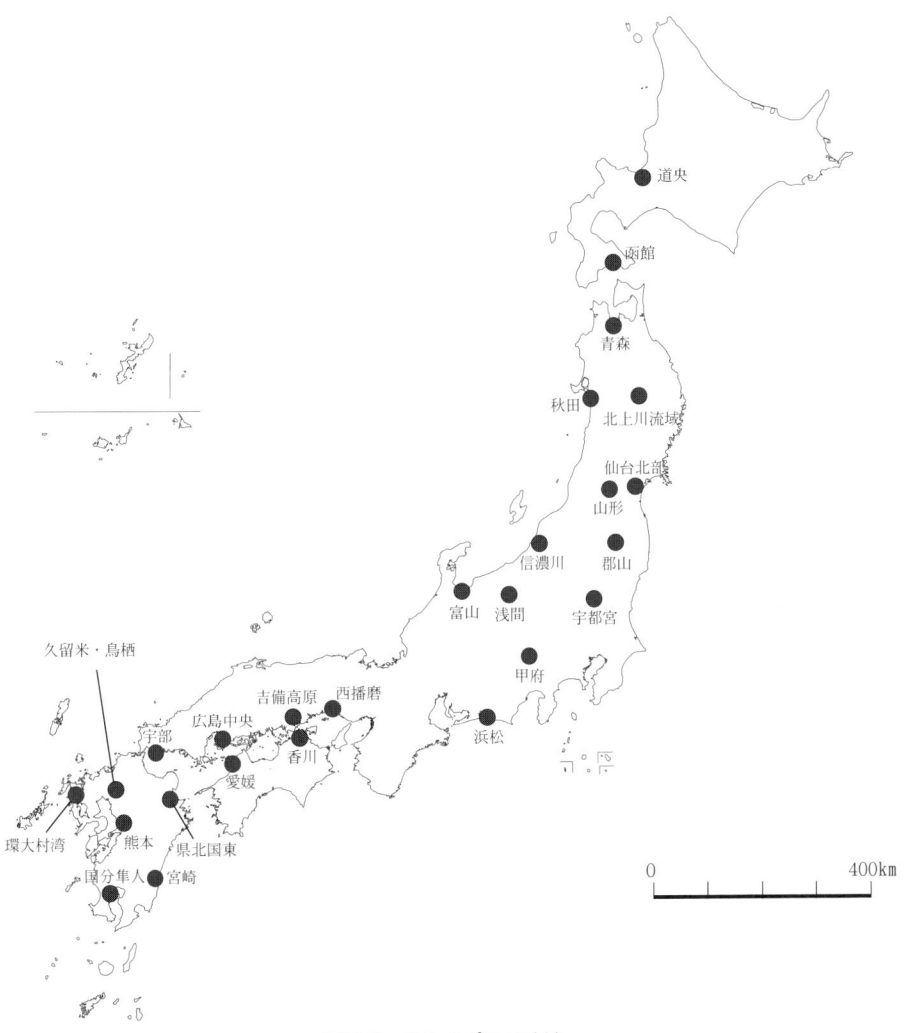

図 9-2 テクノポリス地域

うした人々が自然，生活，生産の調和のとれた地域で生活することを可能にするため，定住圏が構想された．定住圏とは，人口 20 万人程度の地方都市を中心に周辺の農山村を含めた範囲であり，全国で 200 から 300 の定住圏が想定された．定住を促進するため，これら地方都市に都市機能を集積させることとした．しかし，三全総が策定された頃から東京への再集中がはじまり，それへの対応策もとられるようになった．その一つがテクノポリス計画である（図 9-2）．伸び悩みが著しい重厚長大産業ではなく，新たな成長分野である先端産業を地域振興の核に据えるようになった．これらの地域では，先端産業を誘致するとともに，各地域に立地する大学も交えて産官学の共同研究が行われるようになった．しかし，これにより東京一極集中が弱まることはなかった．

1987 年に策定された第四次全国総合開発計画（四全総）では，世界都市として成長してきた東京の機能強化をはかるとともに，東京一極集中の是正が目指された．国際化，情報化のすすむ中，東京への機能集中はやむを得ないものとなってきた現実を反映している．東京の世界

都市としての成長を促進するためにも，過度な機能集中は足かせになる．そこで，東京の都市機能の一部を肩代わりすべく，東京区部以外の周辺地域において中核となるべき業務核都市（横浜市，千葉市，さいたま市など）が整備されることとなった．東京一極集中の是正については，高速交通網を構築して地方の主要都市間を結ぶことにより，都市機能の分散を促そうとした．四全総が策定されたのはバブル景気の時代であったが，数年後にはバブルが崩壊した．このため，首都圏の業務核都市や地方の主要都市への都市機能の分散は思うようにすすまなくなった．

　以上の4つの全国総合開発計画は，基本的に地方への機能分散によって地域間格差を是正していくことが目指された．これに対し，五全総にあたる「21世紀の国土のグランドデザイン」では，もととなる法律である国土総合開発法が国土形成計画法に全面改正され，大都市のリノベーションの名のもと，大都市を重視する方針を打ち出した．一方で，国土を複数の軸（西日本国土軸，北東国土軸，太平洋国土軸，日本海国土軸）に分割し，これの形成のために高速道路網を整備するという，これまでの全総と類似した構想も含まれる．

2．都市政策と都市計画

　全国総合開発計画などの上位計画をふまえて，自治体レベルでも総合計画が策定されている．基本的には，大まかな構想やビジョンを示す「基本構想」，構想実現のための総合的，体系的な計画を示す「基本計画」，そして具体的な事業計画を示す「実施計画」から成る（図9-3）．さらに，個別の計画により実行がなされていくことになる．

　こうした計画は，普段の生活ではあまりなじみがないかもしれないが，実は重要な意味を持っている．身近な例として都市計画を挙げる．住宅街の中に店舗や事務所ができれば，良好な生活環境が損なわれる可能性がある．そうした問題に具体的に対応しているのが都市計画である．都市計画は，都市住民の生活の向上や都市の健全発展のために，土地利用や都市施設の配置などを規制，誘導するものであり，戦前から続く都市計画法が1968年に改められたことよって土地利用の規制が本格化した．

　まず都市計画の及ぶ範囲を都市計画区域とし，その区域を市街化区域と市街化調整区域に区分した．この区分は線引き（区域区分）と呼ばれる．市街化区域とは，既に市街化がすすんでいるか，近い将来に市街化がすすむであろう地域を指し，この区域内では用途地域が定められた．用途地域とは，住居のみの土地利用しか認められない地域，一定規模の店舗の立地が可能な地域，工場しか立地できない地域などを明確に区分したものである．一方，市街化調整区域とは，市街化を抑制していく地域を指す．この区域では原則として都市施設の立地は不可能である．

　1990年代後半以降，地方分権を受けて都市計画法は改正されていった．改正の中心は，地域の実状に合わせて地方自治体が主体的に規制を行えるようにしたことにある．都市化は，特定の市町村だけでなく周辺市町村にまで面的に拡大していくものであるから，市町村単位での計画では限界がある．そこで，より広域的な調整が可能な都道府県がマスタープランを作成す

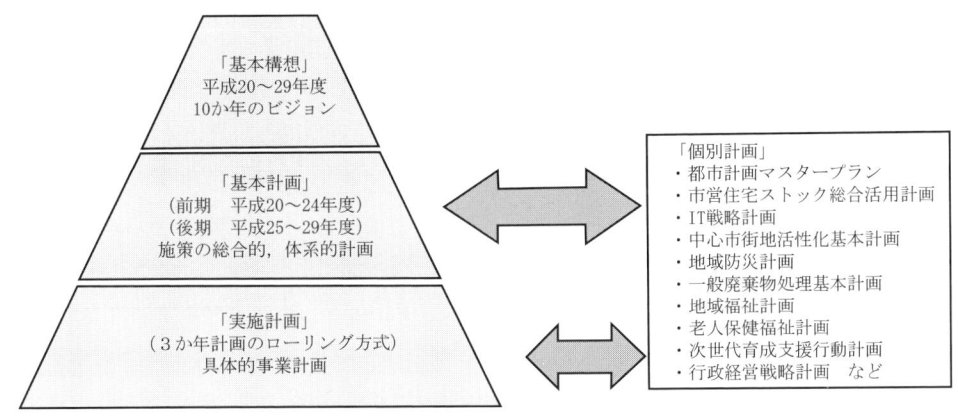

図9-3 岐阜県大垣市の総合計画の体系図
（岐阜県大垣市のホームページをもとに作成）

ることとなった．また，線引きを都道府県による選択制に変更したり，都市計画区域外でも用途地域が設定できるようにするなど，より柔軟な規制が可能となった．

一方で，こうした柔軟な規制が逆に大型店の出店範囲を広げ，中心市街地のさらなる衰退を招くこととなった面もある．そこで，2006年の改正では，売場面積10,000 m²を越える店舗の出店可能地域が，原則として都市中心部（用途地域上の「商業地域」，「近隣商業地域」，「準工業地域」）に限定された．

3. 都市の再開発の手法

都市計画は，土地利用の規制，誘導を主な目的としているが，土地利用の需要が高い地区（例えば都市中心部）や今後開発が見込まれる地区は，規制が緩やかにされている．そうした地区の面積は，需要に対して小さいことが多いため，有効な活用がなされる必要がある．都市の再開発とは，

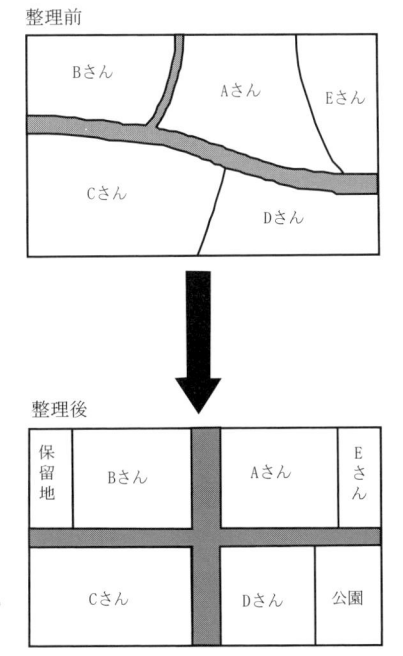

図9-4 土地区画整理事業の模式図
（国土交通省のホームページをもとに作成）

そうした土地の有効活用の一種と捉えることもできる．以下では，都市の再開発の手法として一般的に用いられることの多い土地区画整理事業と市街地再開発事業について紹介する．

ある地域に公共施設や住宅地を整備する必要が生じたとしても，その地域の土地の権利が複雑に入り組んでいると，整備しづらいことがある．この際，土地区画整理事業では，もとの地権者の土地を，整形した土地にして交換する換地が行われる（図9-4）．その過程で，地権者は，自分の土地の一部を手放すことになる．これを減歩（げんぶ）と呼ぶ．手放した土地は，公共用地や売却のための土地（保留地（ほりゅうち））となる．保留地を売却することで，事業費の一部がまかなわれる．減歩によって地権者の面積が減少するにもかかわらず，この事業が成立するのは，区画整理に

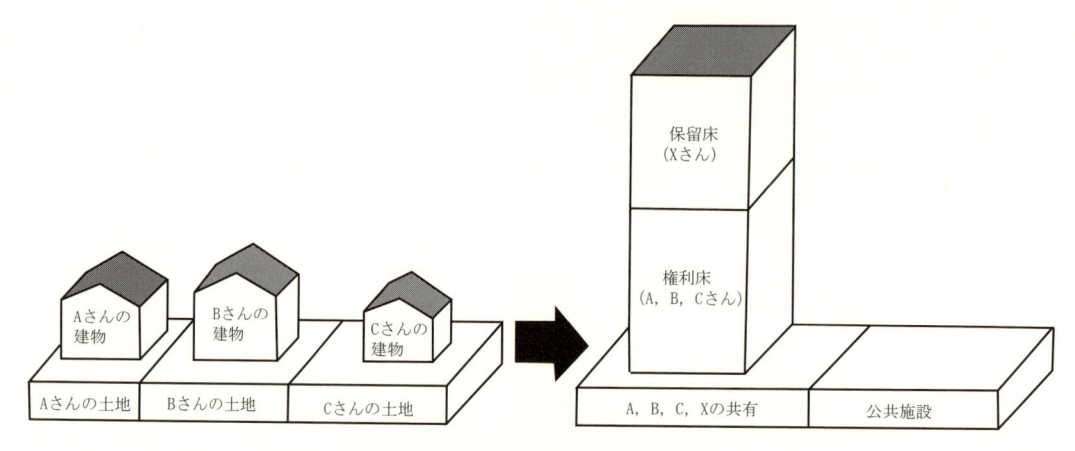

図 9-5　市街地再開発事業の模式図
（再開発コーディネーター協会のホームページをもとに作成）

よって誕生した新たな土地は，有効活用が可能になり土地の価値が高まるためである．土地区画整理事業は，都市部だけでなく住宅地などでも幅広く実施されている．

　駅前地区や中心市街地など都市中心部では，戦後の急速な市街化の進展により，零細店舗や住宅が密集する地区が形成されるようになった．都市中心部は，土地の需要が高い一方で，こうした密集地区の存在により土地の有効活用がすすんでいない地域でもある．さらに，木造建造物の密集により防災上の問題を抱えていることも多い．土地区画整理事業は，減歩をともなう手法であるため，都市中心部など地権者の土地面積が非常に小さい地域においては実施困難な場合もある．そこで，こうした地域では，再開発ビルの建設を目的とする市街地再開発事業が実施されることが多い（図9-5）．この事業では，土地を共有した上で，新たに再開発ビルを建設する．そのビルの床を，もとの建物，土地所有者等の権利と等価で交換する．こうして再開発ビルで取得される床を権利床と呼ぶ．一方，高層化された再開発ビルには権利床以外にも床が生み出される．これを保留床と呼び，この売却によって事業費の一部がまかなわれる．

　図9-6は，広島駅南口市街地再開発事業の実施地区を示したものである．Aブロックはすでに再開発事業が終了しており，1999年に再開発ビルがオープンしている．BブロックとCブロックは再開発が進行中であり，両ブロックともに超高層マンションや商業施設などが建設される予定である．図9-7と図9-8は，再開発前と再開発中のBブロックの様子を示したものである．再開発前の老朽化した建築物が，再開発により解体された様子がわかる．

　土地区画整理事業や市街地再開発事業には問題点もある．これらの事業は，地価の上昇を前提としているため，バブル崩壊後の地価の横ばい，下落傾向の中では実施困難になることがある．例えば，土地区画整理事業において，減歩による所有面積の縮小を相殺するだけの地価の上昇が困難になってくる．また，バブル崩壊にともない企業活動が停滞する中，保留地，保留床を購入する企業の買い手が見つからないか，あるいは当初の想定を下回る額で売却せざるを得ない事態も起こる．こうした状況下では，保留地，保留床を購入してくれる企業の意向が事業に強く反映されることになり，地域住民のための再開発にならないこともありうる．

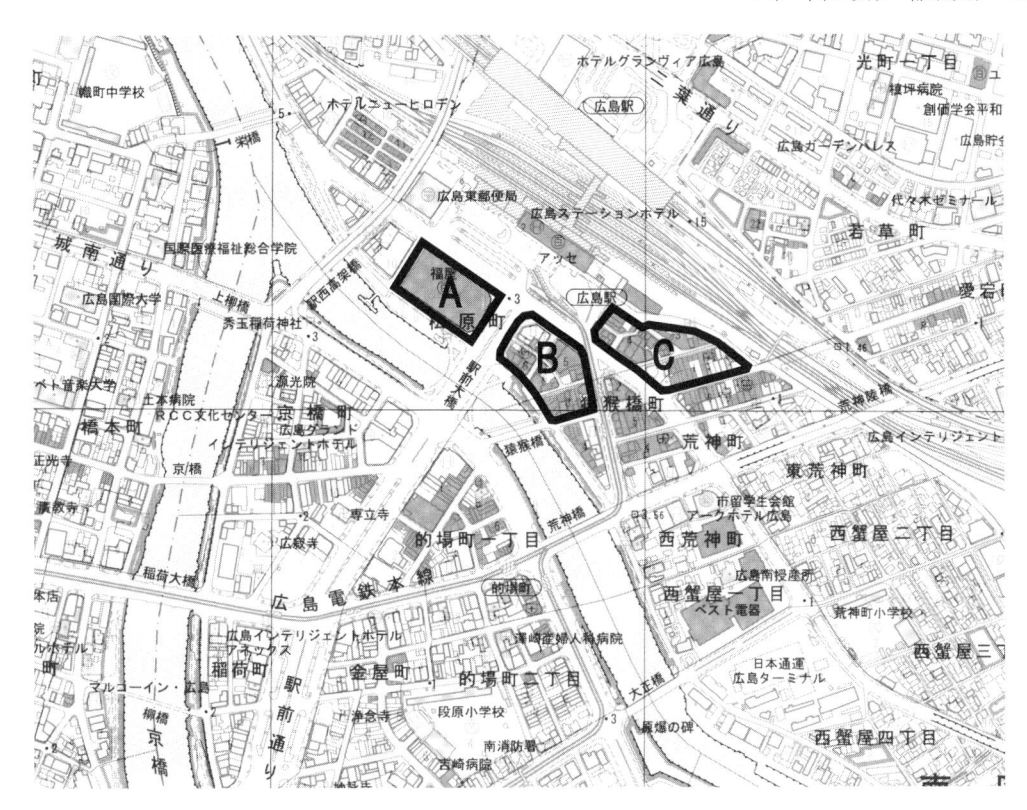

図9-6 広島駅南口市街地再開発事業
（1万分1地形図「広島駅」平成17年修正を使用）

図9-7 広島駅南口市街地再開発事業Bブロック（再開発前）
左奥にみえる建物はAブロックの再開発ビル「エールエールA館」（1999年オープン）．

図9-8 広島駅南口市街地再開発事業Bブロック（再開発中）
Aブロックの再開発ビル「エールエールA館」の屋上より．

4. 景観保全の取り組み

　土地区画整理事業や市街地再開発事業は，都市の再開発を効率的にすすめる手法と言えるが，一方で都市やその周辺には歴史的に形成されてきた伝統的な町並みや自然景観も存在する．こ

図 9-9　鹿児島県南九州市知覧町の重要伝統的建造物群保存地区

うした町並みや自然景観の保存に関しては，これまでにもいくつかの取り組みがなされてきた．古くは，戦前の都市計画法に基づく風致地区の設定がある．これは，都市化，宅地化によって周囲の自然環境の破壊が懸念されたことから，都市的開発を規制しようとするものであった．また，文化財保護法に基づき，連続する建造物群を伝統的建造物群保存地区に指定して，その保存が行われるようになった（図 9-9）．自治体レベルで条例を制定し，景観の保全に取り組む事例も数多く存在する．しかし，自主条例であるため法的な拘束力が弱いという問題点もあった．

　そうした中，景観保全に正面から取り組む最初の法律である景観法が 2004 年に制定された．景観法では，景観行政団体となった自治体に景観計画を策定させるなど責任を持たせ，計画遂行にあたっては NPO 法人などを景観整備機構として指定することができるようにし，実効性を確保する体制が整えられた．特に保全すべき景観を有する地区は，景観計画区域や景観地区に指定し，それらの地区では建築物などの形態に制限がかけられるようになった．

　景観法は規制措置を中心とするものであって，歴史的な町並みの保全によってまちづくりを行う取り組みへの支援措置などはなかった．そこで，2008 年に歴史まちづくり法が制定され，それに基づいて認定を受けたまちづくり計画には，積極的な支援措置がとられるようになった．

5．市町村合併

　市町村合併は，都市政策に大きな影響を与える重要なイベントの一つである．また市町村合併自体を，都市政策の一つとみなすこともできる．日本では，これまで 3 回の大合併を経験してきた．最初は明治の大合併である．明治政府は，中央集権体制を確立するために，近代的な市町村制をとることとしたが，当時の町村は江戸時代から続く村落共同体を基礎として成り立っているところが多く，一つの行政単位の人口，世帯数も少なかった．そこで，それらの町村を統合し，中央集権体制にふさわしい規模の町村がつくられることとなった．同

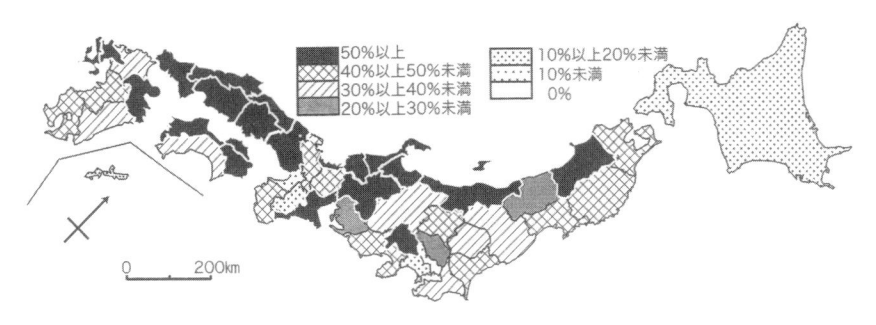

図9-10　都道府県別の市町村数の減少率（1999年3月～2007年3月）
（林上編『現代都市地域の構造再編』原書房，2007年）

時に，主要な都市（県庁所在都市クラス）において市制が施行された．この大合併の結果，1888年に7万1,314あった市町村は翌年には1万5,859へと減少した．

戦後になると，戦前までの中央集権体制を改めるため，地方自治法の制定などにより地方自治が強化されるようになった．これにともない，地方自治体が行うべき行政業務が急増することとなった．そこで，1950年代に，適正な行政業務の遂行を可能とするために大合併がすすめられていった．特に，戦後に義務教育となった中学校の管理を可能とする人口規模の確保が，小規模町村の合併の目安となった．この昭和の大合併により，1953年に9,868あった市町村が1961年には3,472へと減少した．

1990年代末からすすんだ平成の大合併は，地方分権の流れの中で自治体の財政力を強化することが目的とされている．国からの補助金が削減される中，地方自治体は効率的な行政運営を行うことがこれまで以上に求められるようになった．この大合併により，1999年に3,229あった市町村が2006年には1,821へと減少した．財政状況に不安のある地方圏での合併が顕著であった（図9-10）．

市町村合併のメリットとは何であろうか．大合併の目的（例えば平成の大合併であれば自治体の財政力の強化）にかなうことはもちろんであるが，それ以外にもメリットは存在する．合併を機に組織再編が行われる結果，効率的な行政組織が誕生することが挙げられる．また，これまで生活圏として実質的に一体化していたものの，別々の市町村であったことから別々に政策が実施されていたものが，合併により生活圏全体をふまえた効率的な政策が可能になるという点も挙げられる．

一方でデメリットもある．合併市町村の中でも周辺部に位置する地域では，市役所や役場が遠くなり，住民サービスが低下しているところもある．また，合併によって従来の市町村名，地名が住所から消滅することにより，地域の歴史に対する意識が薄れる懸念は大きい．こうしたデメリットを克服していく取り組みが，全国の市町村で始まっている．旧市町村の役所，役場の空きスペースを住民が利用できるようにしたり，伝統文化の保存などの活動を行う団体への支援を実施したり，合併前の由緒ある地名を，町・字名や公共施設の名称に残したりすることなどが挙げられる．

平成の大合併においては，財政力の強化という主たる目的の他に，政令指定都市，中核市，

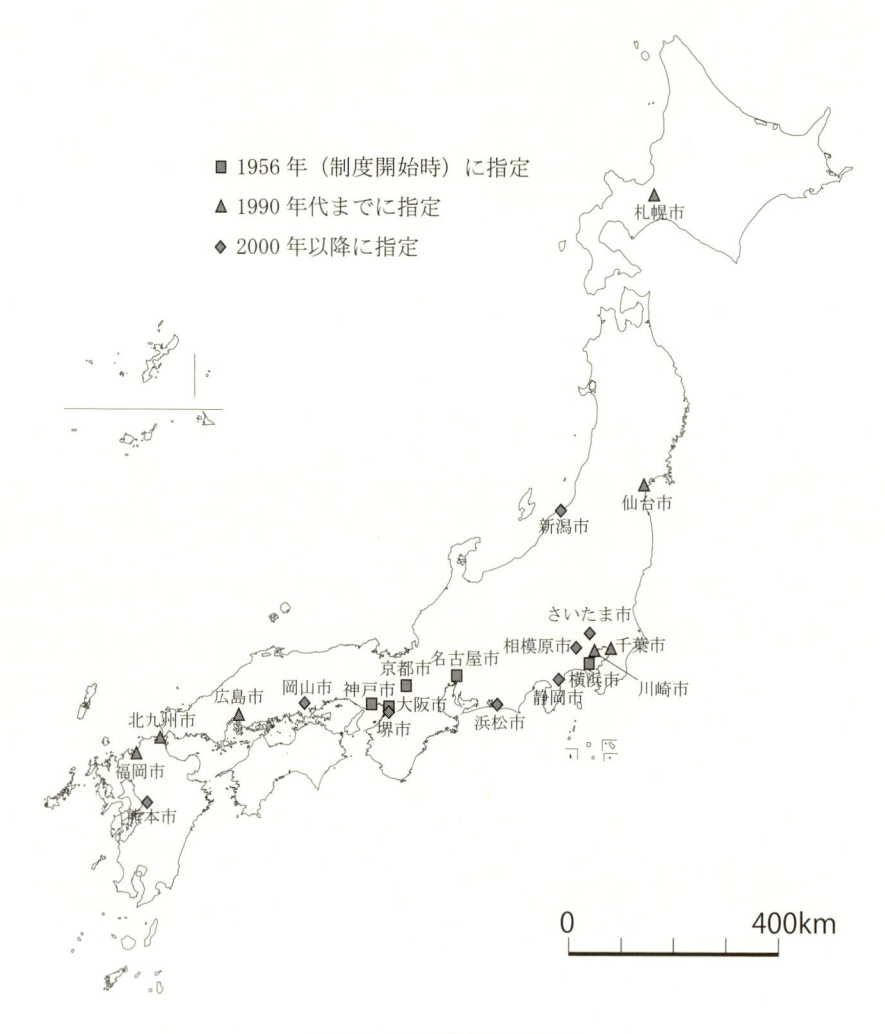

図 9-11 政令指定都市の分布

特例市への昇格も合併への誘因となった．これらの都市に昇格すると，都道府県が行っていた各種の行政業務を自らの都市で担うことになり，いっそう自主的な都市行政が可能になる．同時にその都市のステータス，知名度の向上にもつながる．政令指定都市制度は1956年に開始されたが，制度ができた当初は，横浜，名古屋，京都，大阪，神戸の5つの都市が指定された（東京は特別区であるため指定されず）．1970年代から80年代にかけて札幌，仙台，広島，福岡といった地方中枢都市と呼ばれる都市が指定されるようになった．2000年以降には，人口規模50万人程度に過ぎなかった都市が，周辺市町村と合併することで新たに指定されるようになった（図9-11）．

10章　エネルギー・資源問題

1．エネルギー・資源の利用

われわれは，普段エネルギーを利用して生活している．農耕，狩猟が中心であった時代とは違い，高度に産業化がすすんだ現代社会は，膨大なエネルギーの存在なしでは維持できなくなっている．エネルギーには，一次エネルギーと二次エネルギーがある．一次エネルギーとは，自然界に存在するエネルギーであり，石炭，石油，天然ガスなどの化石燃料のほか，水力，地熱，風力，そして原子力発電に使われるウランなどがある．二次エネルギーとは，一次エネルギーを加工して得られるものであり，ガソリン，電気，都市ガスなどがある．

われわれが利用する一次エネルギーの大部分は，石炭，石油，天然ガスといった化石燃料である．化石燃料は地域偏在性が高いため，産出地からそうでない地域へと輸送される．化石燃料の使い道は多様であり，熱源，動力，電力としての利用のほか，工業製品の原料などにもなる．そのため，産出地や輸送先には，使途に合わせて採掘・生産工場，精製施設，貯蔵施設，発電所などが立地する．

2．エネルギー・資源の変遷

日本は，エネルギー源の乏しい国といわれるが，過去には自給率の高かったものもある．その代表例が石炭である．石炭は，明治期に採掘が本格化し，日本の産業革命を支えたエネルギー源である．代表的な産炭地として，福岡県筑豊地域を中心とする九州北部，福島県から茨城県にかけての常磐，そして北海道などがあった．産炭地には，炭鉱（石炭を採掘する工場など）のほか，採掘の際に出る質の悪い石炭や石（ボタ）が積まれてできるボタ山（ズリ山）が存在していた．図10-1は，福岡県飯塚市に今も残るボタ山である．

戦後の1960年代に入ると，国内炭よりも安価で品質の良い海外炭の輸入が増加し，さらに燃料の中心が石炭から石油へと転換していった（エネルギー革命）．こうした動きに対抗するために炭価の値下げが避けられなくなったことから，国の主導により炭鉱の合理化が急速にすすめられた．この過程で，まずは非効率な中小炭鉱が閉鎖していった．図10-2をみてわかる

図10-1 木々に覆われたボタ山（飯塚市）

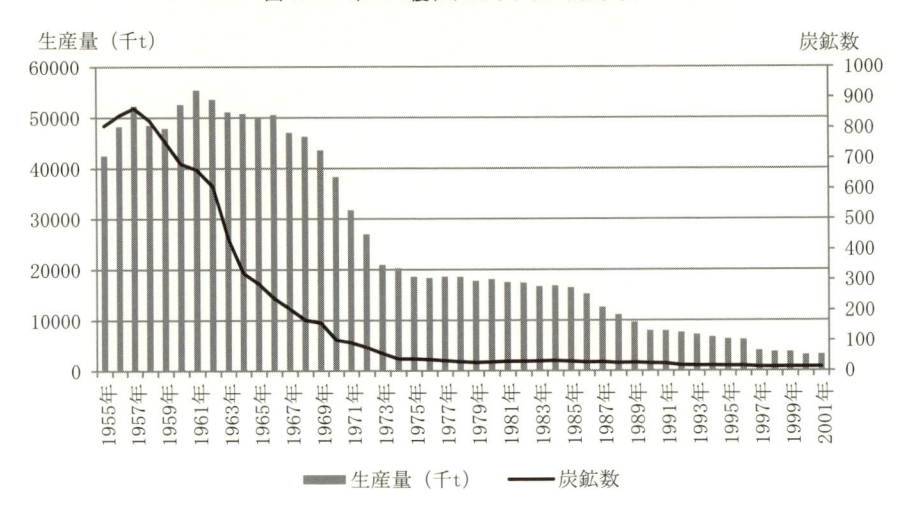

図10-2 全国の炭鉱数と石炭生産量の推移
（『数字でみる日本の100年』をもとに作成）

ように，生産量よりも炭鉱数が先行して減少しているのは，このことを示している．その後は，大手の炭鉱も姿を消していった．

　石炭に代わって，日本における一次エネルギー供給のトップに躍り出た石油であるが（図10-3），国内での産出量は非常に乏しく，新潟や秋田においてわずかに産出される以外は輸入に依存している．石油は，タンカーによって日本に輸送されるため，石油精製や石油化学工業からなる石油化学コンビナートの立地場所は臨海部になる．特に，消費地への近接性から，大都市圏を指向する傾向が顕著である．また，広大な敷地を必要とし，かつ安全性の観点から，埋め立て地に立地する（図10-4）．

　1973年の第四次中東戦争を契機に，中東産油国による石油供給制限がなされた．これにより石油の価格が高騰し，石油に依存してきた日本は大きな打撃を受けることとなった（オイルショック）．そこで，万が一の事態に備えるため，石油備蓄が行われるようになった．1975年

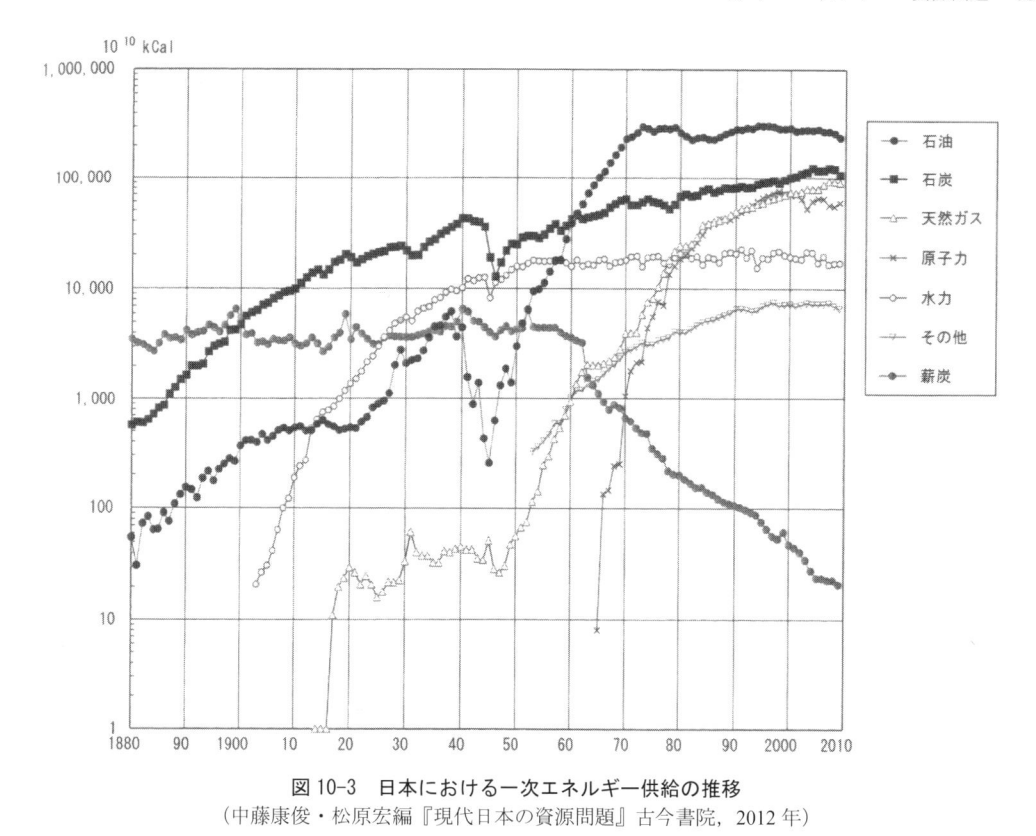

図10-3 日本における一次エネルギー供給の推移
(中藤康俊・松原宏編『現代日本の資源問題』古今書院, 2012年)

に, 民間の石油企業に対して備蓄を義務づけた後, 1978年には国家石油備蓄を開始した. 国家石油備蓄には, 国家備蓄基地と, 民間から借り上げた石油タンクがある. 2013年12月現在, 国家備蓄では107日分, 民間備蓄では82日分の石油が確保されている.

オイルショックを契機として重要性が高まったのが天然ガスである (図10-3). 千葉や新潟で産出されるものの, 国内消費の大部分は輸入に依存している. 天然ガスは, 気体のままでは体積が大きいため, 液化天然ガス (LNG) の形で専用タンカーによって輸送される. 国内に運ばれた液化天然ガスは, パイプラインで運ばれるか, 液化天然ガスのまま陸上, 海上輸送される. 日本では, パイプラインの整備が遅れており, 今後の整備が待たれる.

エネルギーの自給率がきわめて低い日本において, 近年, 新たな資源開発の可能性が検討されている. 日本近海に豊富に存在するメタンハイドレートについては, 2013年に策定された国の海洋基本計画にも, 「平成30年度を目途に, 商業化の実現に向けた技術の整備を行う」と明記されており, 今後の実用化が期待されている. そのほか, コバルトリッチクラスト, レアアースなども, 将来の資源として注目されているが, 採掘技術や採算性の面で課題が多く, 実用化には時間がかかると考えられている. こうした中, 廃棄された自動車, 家電, パソコン, 携帯電話などの電子回路基板に含まれるレアメタルを再利用しようとする動きがみられるようになった. これらの製品は, 都市に存在する鉱山ということで「都市鉱山」と呼ばれる.

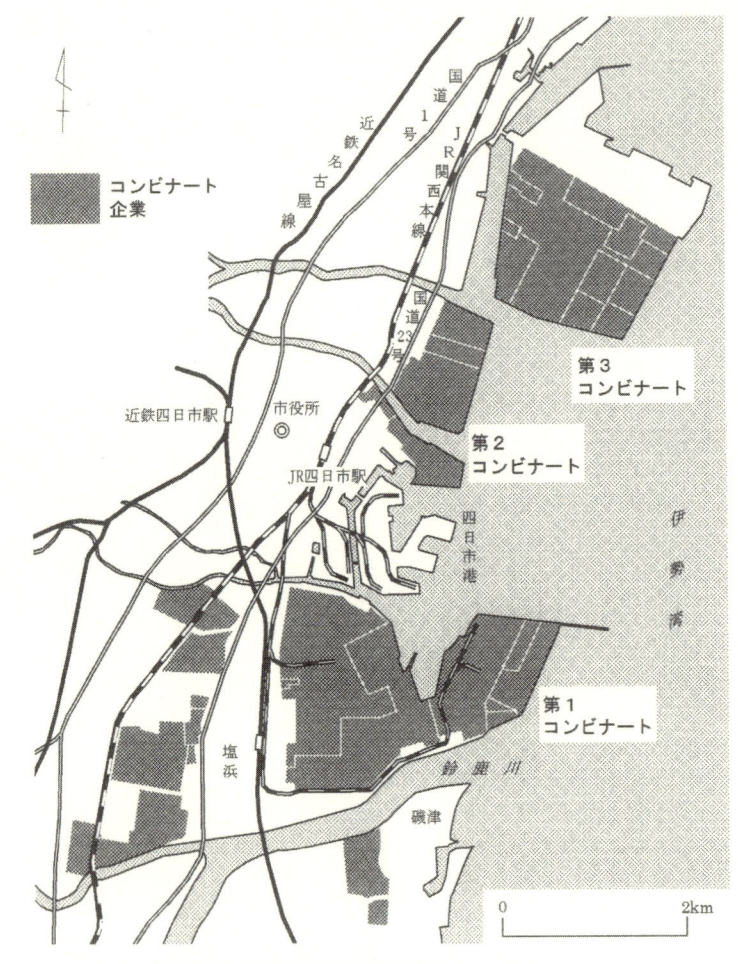

図 10-4 四日市市の石油化学コンビナート
(鹿嶋洋「四日市地域における石油化学コンビナートの再編と地域産業政策」
『経済地理学年報』50-4，2004年)

3．電力の動向と新エネルギー

　われわれは，一次エネルギーをそのまま利用することは少なく，たいていはそれらを加工した二次エネルギーを利用する．中でも電力は，日常生活において最も身近な存在である．現在の電力体制は，各地方ごとに一つの電力会社が発電，送電，配電を独占する形をとっているが，このような形で電力が供給されるようになる原型は，戦前にさかのぼる．

　明治期以降，各地域に小規模の電力会社が多数誕生したが（図10-5），日本の産業化がすすむにつれ，膨大な電力を安定供給する必要が生じた．このためには，資本力の強化，合理化が必要となり，大正期から昭和期にかけて，吸収・合併によって電力会社が統合されていった（図10-6）．戦時期に入ると，電力国家統制により発電と送電が日本発送電株式会社に統合されるとともに，配電部門は各地方ごとに一つの配電会社（計9つ）に統合された．戦後になると，日本発送電株式会社と各地方の配電会社が再編され，各配電会社の事業範囲を引き継ぐ形で，

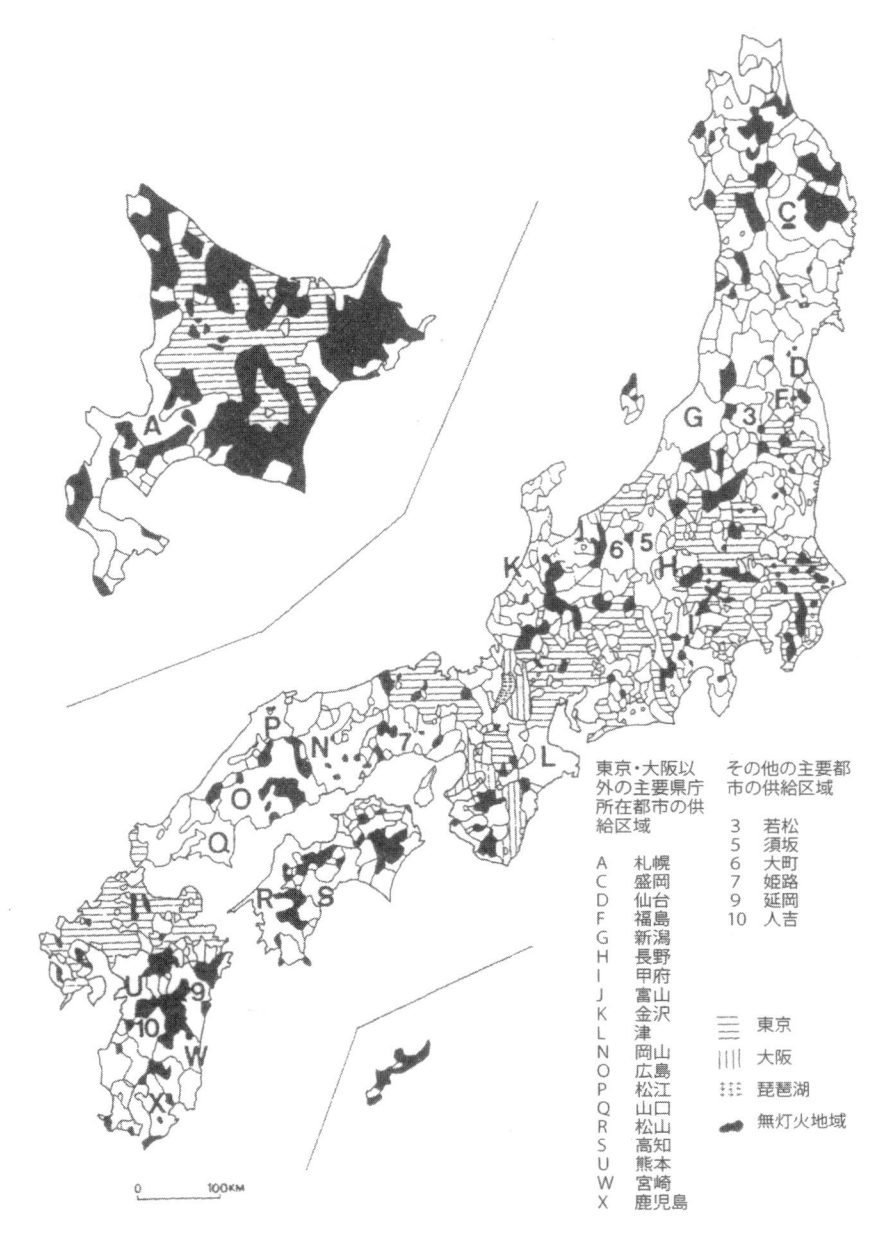

図 10-5　主要都市の電灯電力供給区域（1925 年）
（阿部和俊『近代日本の都市体系研究』古今書院，2010 年）

発電，送電，配電を地域独占する現在の電力会社 9 社が誕生した．なお，沖縄電力は，戦後のアメリカ統治時代に設立された琉球電気公社を出発点とし，日本復帰後にその事業を引き継いでいるため，他の電力会社とは性格を異にする．

　1990 年代には，電力の自由化がすすむようになり，既存電力会社への電力販売や，企業が自家発電設備を利用して特定地域の需要家に電力を供給することが可能となった．また，2000 年には，大口顧客に対する電力販売が自由化された．さらに，2014 年 6 月に成立した改正電気事業法により，一般家庭を含む小口顧客への電力販売も自由化されることとなった．

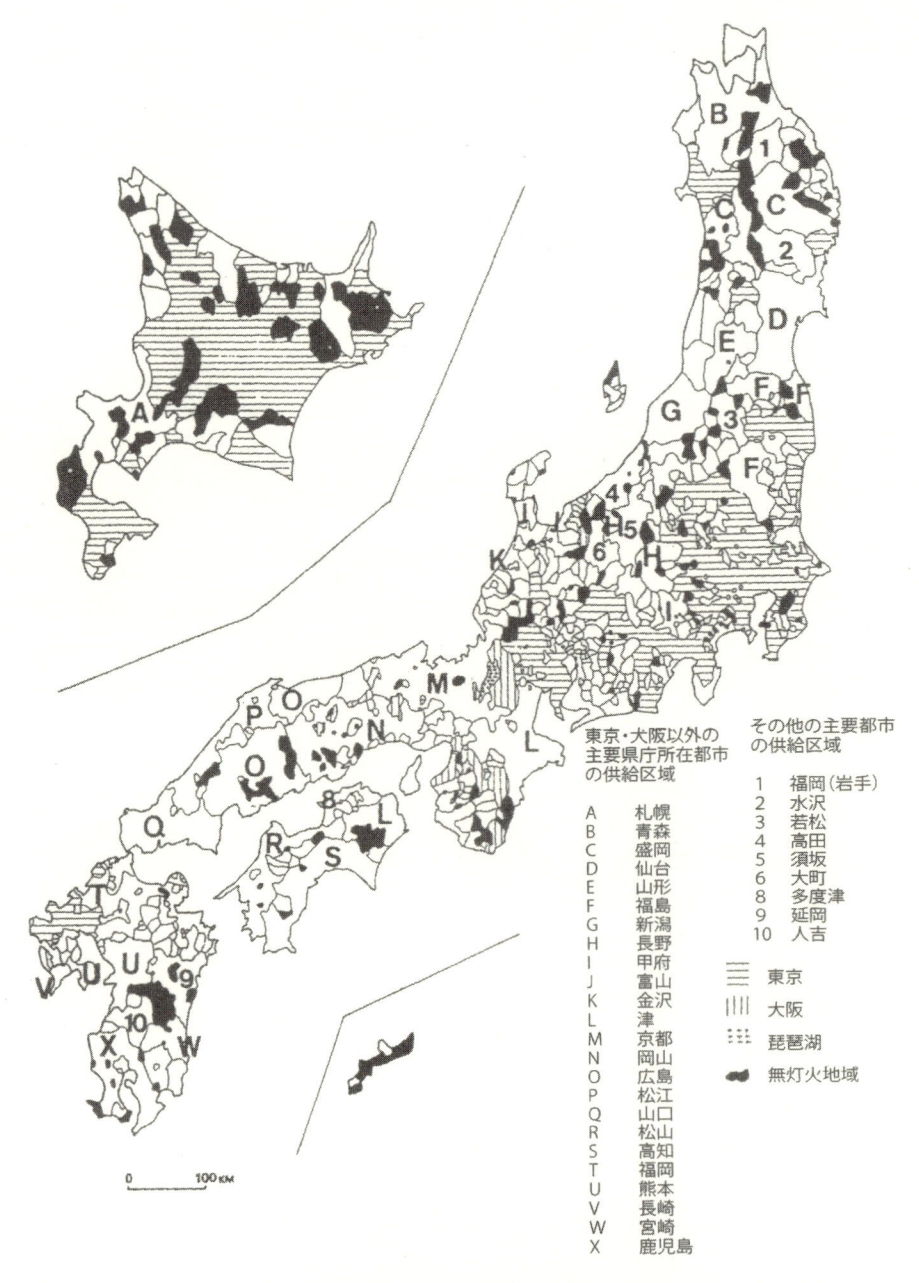

図 10-6　主要都市の電灯電力供給区域（1936 年）
(阿部和俊『近代日本の都市体系研究』古今書院，2010 年)

次に，発電方法の推移から，日本の電力について考える（図 10-7）．1950 年代から 1960 年代初頭は水力が中心であったが，高度経済成長期に入ると石油(火力)が急激に拡大していった．しかし，オイルショックを契機に縮小し，代わって LNG（火力）と原子力が拡大した．石炭は，国内の炭鉱の閉山によって不要になったわけではなく，むしろ需要は拡大している．国内炭から海外炭へと姿を変え，石炭（火力）による発電量は 1990 年代以降増加傾向にある．2011 年

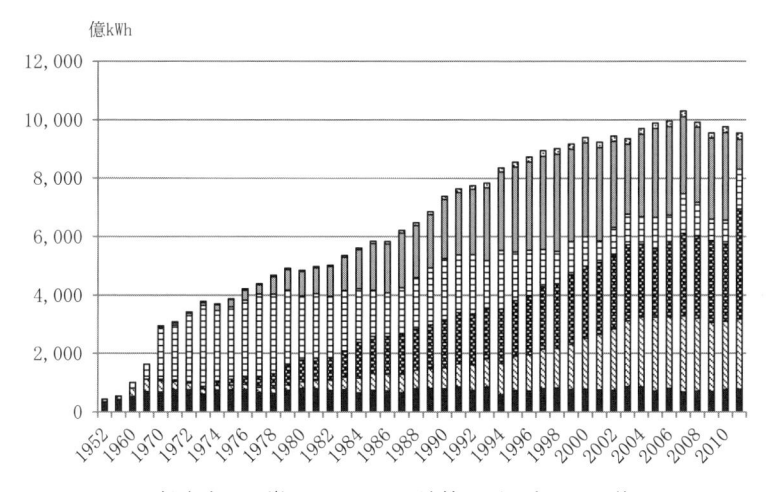

図 10-7 発電電力量の内訳
(『エネルギー白書 2012』をもとに作成)

に発生した福島原発事故を受けて,全国の原子力発電所が稼働停止したため,2011年の原子力発電量は大きく減少している.

　これらの主力発電に対し,再生可能エネルギーによる発電量は今のところ総発電量のわずかを占めるに過ぎない.再生可能エネルギーとは,化石燃料のような枯渇性のものではなく,自然の中で再生するため再利用可能なエネルギーのことであり,太陽光,太陽熱,風力,水力,バイオマス,地熱,波力,潮力などを指す.福島原発事故の教訓から,再生可能エネルギーの普及が急務となっている.

　再生可能エネルギーの課題は,設置コストが依然として高いことや,発電量が自然条件に左右されやすいという点にある.例えば,太陽光発電には日射条件が影響しており,曇り空などの場合は発電量が減少してしまう.また風力発電は,日本のように平地が少ない条件では,風の通り道が制限されるため不利にもなる.しかし,技術の向上や,「電気事業者による新エネルギー等の利用に関する特別措置法(RPS法)」によって再生可能エネルギーの一定利用を義務づけたこともあり,近年になって発電量を増やしてきている(図10-8).

4. 環境問題

　エネルギーの利用方法は,資源問題としてだけでなく,都市レベル,地球レベルの環境問題としても重要である.CO_2排出の主因の一つである自動車は,現在のところガソリン車とディーゼル車が主流である.しかしこれらの排気ガスには,地球温暖化の原因となる二酸化炭素,大気汚染の原因となる窒素酸化物,粒子状物質などが含まれている.そこで,排気ガスの少ないクリーンエネルギー自動車の開発,普及がすすめられている.これには,天然ガス自動車,メタノール自動車,電気自動車,ハイブリッド自動車などがある.日本では,クリーンエネルギー自動車の大半は現在のところハイブリッド自動車であるが,電気自動車や天然ガス自動車も補

2000年

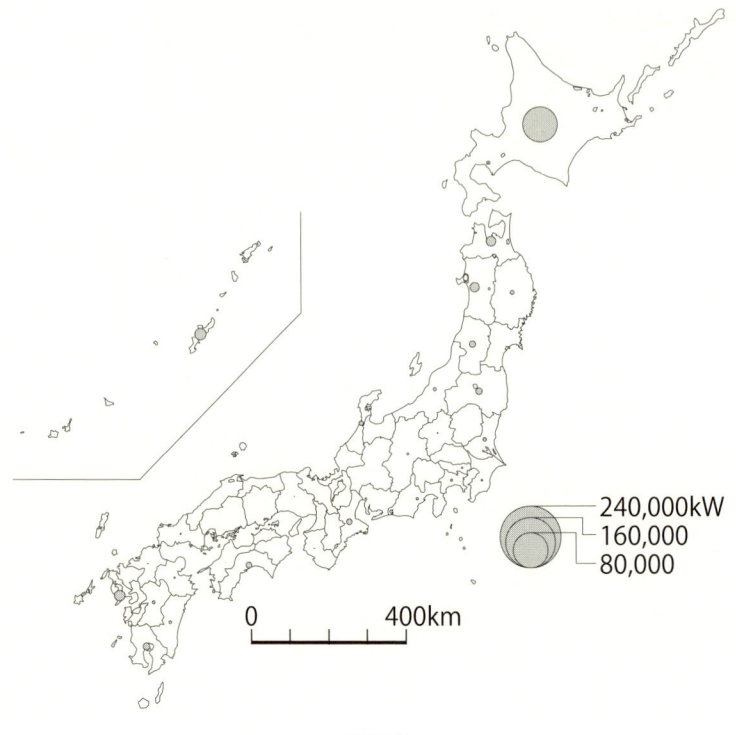

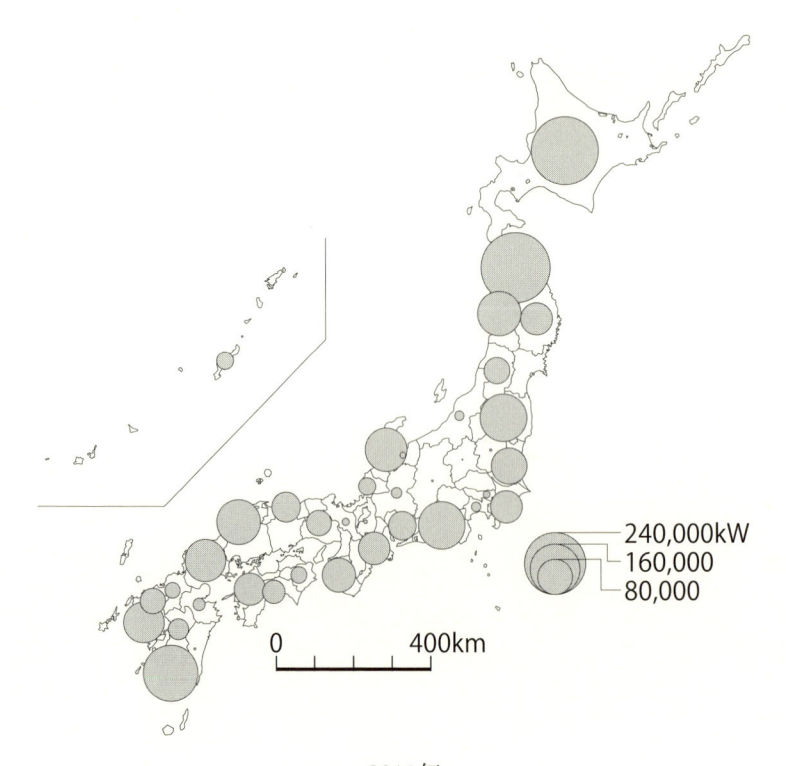

2011年

図10-8　風力発電の導入量
(『データでみる県勢2014年版』をもとに作成)

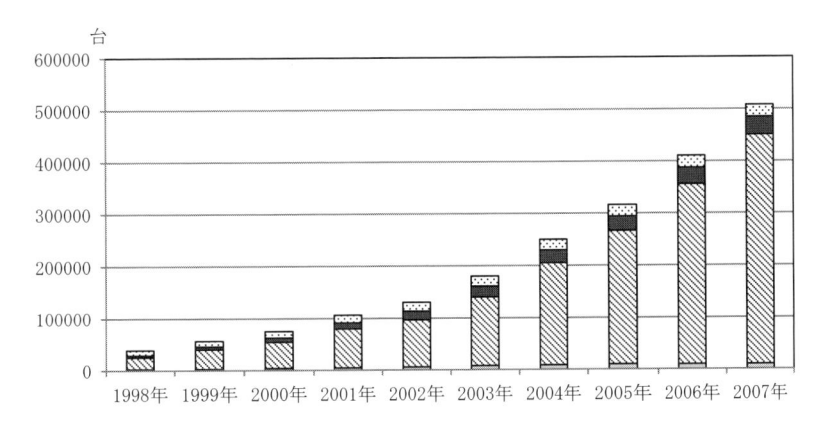

図 10-9　クリーンエネルギー自動車の普及台数
メタノール自動車は絶対数が少ないため省略してある．
(社団法人日本自動車工業会のホームページをもとに作成)

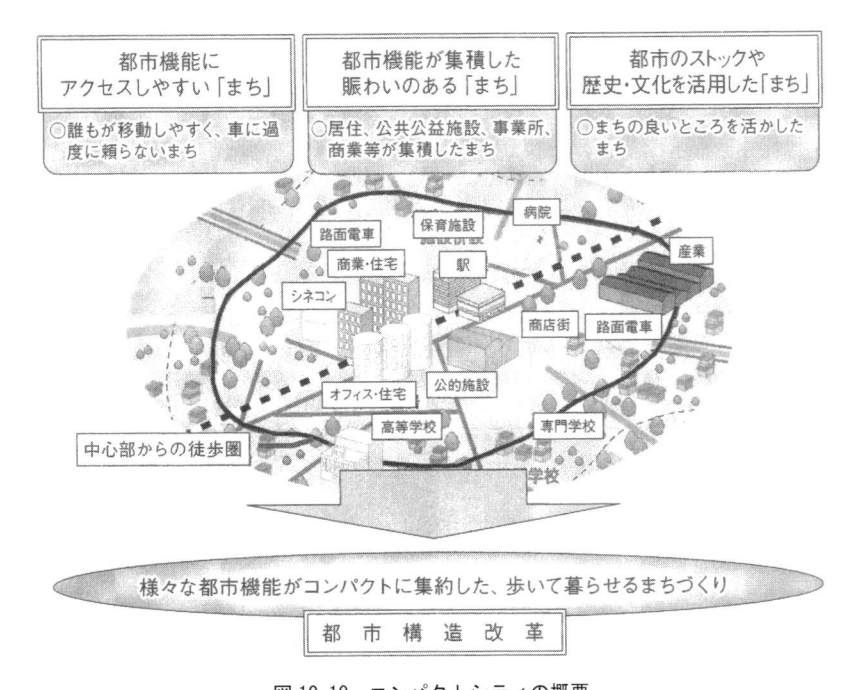

図 10-10　コンパクトシティの概要
(財団法人都市計画協会編『コンパクトなまちづくり』ぎょうせい，2007 年)

助金政策により導入がすすめられている（図 10-9）

　こうした技術的側面だけでなく，自動車中心の生活スタイルからの脱却を視野に入れたコンパクトシティ政策も，環境問題への対応に重要な意味を持つ．コンパクトシティとは，これまでの郊外拡散型の都市とは対照的に，各種の社会資本がコンパクトに集約した都市のことである（図 10-10）．この政策は，人口減少，高齢化がすすむ地域社会や，財政問題を抱える行政の実状を背景にすすめられてきた側面が強いが，地球温暖化，大気汚染の主因である自動車の利用を抑制することを通じて，環境問題にも寄与しうる．

11章　地域調査

1. 地域調査の意義と準備

　ある地域の様子を理解しようとする場合，その地域を訪れることで，文献資料からは把握できない実情がより明確になる．地域の実情を本格的に知ろうとすれば，対象地域に長期間滞在することが望ましい．ある地域に入り込み，地域住民と生活をともにすることで，その地域の風習，制度，慣習などを理解する参与観察と呼ばれる手法がある．しかし，現実には長期間の滞在は困難な場合が多く，限られた期間内に効率的な調査を実施することが必要となる．

　現地に行かなくともできる作業を現地で行うことは，現地での貴重な時間を無駄にすることにもなる．そのため，現地調査に入る前の準備は非常に重要である．現地の一般的な性格を理解するのに必要なものとして，統計がある．人口，産業，経済などの指標であれば，公的な統計によってデータの収集が可能である．表11-1は，日本における主な統計を示したものである．1章でも紹介した国勢調査をはじめ，各産業分野における主要な統計が整備されている．これらの統計の多くは冊子の形式で報告書が出されているが，近年のデータはホームページを通じても公表されている．また，報告書には公表されていなくとも，非収録データとしてマイクロフィルムなどに保存されているものもある．ただし，非収録データは，一般の図書館では利用できないことが多く，総務省統計局にある統計図書館などを訪問して利用することが必要となる．これらの統計をもとに編集された統計書（例えば『日本国勢図会』，『データでみる県勢』，『民力』，『地域経済総覧』など）も有用である．

　文献資料も，現地調査に入る前に入手可能なものは入手し，理解を深めておくことが望ましい．各地域の都道府県史や市町村史は，最も有用な資料の一つである．不確実な情報で溢れるインターネットは，利用には慎重さが必要であるが，それをふまえれば貴重な情報源である．行政機関や民間企業が提供する情報の他，個人がホームページで公表している旅行記や地域情報なども参考になることがある．個人が発信する情報は必ずしも正確とは限らないため，少数の情報源でよしとするのではなく，類似の情報を数多く入手し，情報の信憑性を確かめておく必要がある．当然のことではあるが，インターネットで得られた情報をレポートなどで引用する場合は，引用元（ホームページアドレス）の明記が必要である．

調査テーマ，調査方法，調査先などを明確にした後，調査先へのアポイントをとることが必要となる．突然の訪問は，失礼に当たることはもちろん，調査先による準備が不十分であることも多い．アポイントを取らずに現地を訪問し，調査への協力を断られた場合，その後の調査の進捗にも悪影響を及ぼすことが考えられる．アポイントの重要性を示す例を挙げておく．著者は，2013年9月に大学のゼミで学生とともに仙台市を訪問した．その際，スポーツ振興について聞き取り調査をしようとする学生がいたが，現地訪問する前のアポイントの段階で，プロ野球の楽天イーグルス優勝の関係上，多忙のため市のスポーツ課から対応できないとの連絡を受けた．また，都市問題を取り上げようとしていた別の学生は，訪問日前後に市議会があり，それへの対応で市役所職員が十分に対応できないとの連絡を受けた．これらにより，当該学生は調査内容を若干変更して別の調査先にあらためてアポイントを取り，現地での調査にのぞむことができた．

2. 現地調査

現地調査には，現地を歩くというシンプルなものから踏査，聞き取りなどさまざまな方法がある．現地を歩く場合，地図は非常に役に立つ．5万分1地形図は，縮尺の関係上，細かな土地利用の把握には向かないことが多いため，2万5千分1地形図を利用するとよい．都市部であれば，1万分1地形図が利用でき，建物の詳細も把握できる（図11-1）．さらに詳細を確認したい場合は，ゼンリンの住宅地図などを利用することもある．

現地を歩いてその地域の様子を探ることは基本であるが，その地で生活したり仕事をしたりしている人々への配慮は常に必要である．訪問先地域の生活の様子に関心を持ったとしても，住民のプライバシーを侵害することがあってはならない．現地調査という目的で歩いていても，現地の生活者からみれば「見知らぬ人」であることもふまえておく必要がある．

聞き取り調査の場合は，調査に協力してもらっているという気持ちを忘れてはならない．調査先には調査協力の義務はなく，貴重な時間を割いてもらっていることになる．聞き取りをする過程で信頼関係が生まれれば，思いがけない貴重な資料を提供してもらえることもある．質問項目を機械的に尋ねていくだけでは信頼関係を築くことは困難であるので，臨機応変に対応することが望まれる．聞き取りの内容は，あらかじめ用意するノート（フィールドノートと呼ばれる）に記述しておく．聞き取りの最中は詳細を記述する時間はないことが多いので，要点を羅列しておくだけにとどめ，聞き取り終了後にまとめることが必要になる．なお，レコーダーを利用して聞き取り内容を録音する方法もあるが，この場合は必ず調査協力者の許可を得ておくことが必要である．

3. 調査のまとめ

調査結果をレポートの形にまとめることが最後の作業である．現地調査の結果をふまえ，調

表 11-1 主な統計

	国勢調査	経済センサス	商業統計
調査主体（主務官庁）	内閣総理大臣（総務省統計局）	経済産業大臣（経済産業省）（総務省統計局）	経済産業大臣（経済産業省）
調査対象・方法（どの調査も，基本的には調査員の面接による直接調査が主体．国勢調査は，調査票の配布・回収による調査）	日本に常住するすべての人．ただし駐留外国軍隊の軍人・軍属やその家族・外交官やその家族は除く．	家事サービス業・外国公務のすべてと，農林漁業のうち個人経営のものを除いた全国の全事業所．調査は企業単位で行い，本社等で一括して回答する．単独事業所の企業は調査員の面接による直接調査方式で，複数の事業所を有する企業は郵送あるいはインターネットによる回収方式で実施．	日本標準産業分類大分類の卸売業・小売業・飲食店に属するすべての商店・商社・飲食店．国・公共企業体に属するものは除く．また露店・屋台・行商人・劇場内などにある売店等，調査技術上困難なものは除く．2007年の調査から駅改札内商業事業所や有料道路内商業事業所も対象となった．
調査開始年と調査間隔	1920年以後5年ごとに10月1日現在で実施．ただし，1945年は実施されず，1947年に実施．	従来の事業所*・企業統計とサービス業基本調査を統合．2009年に第1回の基礎調査を実施．2012年に第1回の活動調査を実施．	1949～51年は毎年，特定市のみで実施．1952～76年は2年ごと，1979～1994年は3年ごとに全数調査となる．1997年より本調査は5年ごと，簡易調査は本調査の2年後に実施．簡易調査は事業所・企業統計調査およびサービス業基本調査と同時に実施．2012年の経済センサス（活動調査）の実施に伴い，2009年調査は中止された．なお，2014年調査は実施予定．

*事業所とは「物の生産またはサービスの提供が事業として行なわれている一定の場所」．すなわち，営利，非営利にかかわらず，その事業を行なうことにより収入を得て人が働いている場所をいう．具体的には，商店，工場，事務所，営業所，銀行，学校，病院，寺院，旅館など，一区画を占めて経済活動を行っている場所をいう．
（野間晴雄・香川貴志・土平博・河角龍典・小原丈明編『ジオ・パルNEO』海青社，2012年，をもとに作成）

査前に収集した文献資料や統計などを再検討することが必要となることもある．古い文献資料を参考にした場合，現地で得た最新情報とのズレが生じることもあるからである．聞き取り調査の内容は，フィールドノートの大まかな記述内容を復元していくことから始まる．その後，自分のテーマに沿って再構成していくことになる．

　現地調査の前や，聞き取りの過程で入手した統計資料は，エクセルなどの統計ソフトを利用して図表化することが必要となる．数字が並んでいるだけの表よりも，グラフ化したほうが理解しやすい場合は多くある．また，地図化することで，地理的状況をより明確に示すことも可能になる．表11-2には，大阪市24区の人口増加率を数値で示し，図11-2には，同数値を地図で示してある．大阪市24区の位置関係がわからない人からすれば，表で示されたものをみても地理的状況を判断することは困難であり，地図化することの効果が大きいことがわかる．

　地図化すること自体が目的ではなく，そこから読み取れる事柄とその背景を分析することが必要となる．地理学では，精緻な地図を作成することが要求されるが，これは出発点であるということを忘れてはならない．自らの分析，主張の説得力を高める手段が地図化である．また，何でも地図化すればよいというものではない．表の形でも地理的状況が十分伝わる場合は，あ

の概要

工業統計	農林業センサス	漁業センサス
経済産業大臣 （経済産業省）	農林水産大臣 （農林水産省）	農林水産大臣 （農林水産省）
日本標準産業分類大分類の製造業に属するすべての事業所．国・公共企業体に属するものは除く．ただし，経済センサス（活動調査）の創設に伴い，2010年より従業者3人以下の事業所は調査対象外となった．	日本標準産業分類の農業・林業に分類される個人経営，法人経営，その他すべてを対象とする．調査対象は，経営耕地面積が10アール以上（1985年までは東日本では10アール以上，西日本では5アール以上），または年間の農業生産物の総販売額が15万円以上の農家．	海面漁業基本調査は，すべての当該漁業経営体と漁業従事者世帯．指定内水面湖沼漁業調査は，すべての当該漁業経営体．内水面養殖調査はすべての当該漁業経営体．河川漁協組合員調査は，すべての河川漁協の正組合員，および漁業地区調査
1909年に第1回，その後5年ごとに実施され，1919年より毎年調査．ただし，全数調査は1939年から．1951年より工業統計調査となる．毎年12月31日現在で調査．2012年の経済センサス（活動調査）の実施に伴い，2011年調査は中止された．	1941年農業水産基本調査． 1946年農業人口調査． 1947年臨時農業センサス． 1949年農地統計調査をへて1950年より5年ごとのセンサスとなる．ただし1950年から10年ごとは国連主導調査の一環で「世界農林業センサス」．その中間年は国内のみの「農業センサス」と区別される．	1947年水産基本調査． 1948年漁業権調査． 1949年第1次漁業センサス． 1954年第2次漁業センサス． 1958年沿岸漁業臨時財調査． 1963年第3次漁業センサスより5年ごとに実施．

えて地図化する必要がない場合もある．

4．アンケート調査

　現地調査でアンケート調査を実施する場合には，いくつかの注意が必要である．まず，調査対象を明確化することである．国勢調査のように国が実施する統計と違って，個人が実施する調査には人的，経済的な制約が存在するため，調査対象を絞っておくことが必要となる．例えば，「1990年代に郊外地域に流入した世帯の通勤行動」を明らかにしたいとする．郊外地域全体でランダムに対象世帯を選定してアンケート調査票を配布，回収し，その中から1990年代に郊外地域に流入してきた世帯を抽出していては，配布，回収の無駄が生じる．そのため，1990年代に建設された住宅地をあらかじめ選定してアンケート調査を実施するほうが効率的である．

　アンケートの調査項目については，被調査者が回答しやすいものとすることが重要である．調査する側が理解している用語でも，回答する側には不明瞭なこともよくある．また，少しで

5万分1地形図

2万5千分1地形図　　　　　　　　　　　　　1万分1地形図

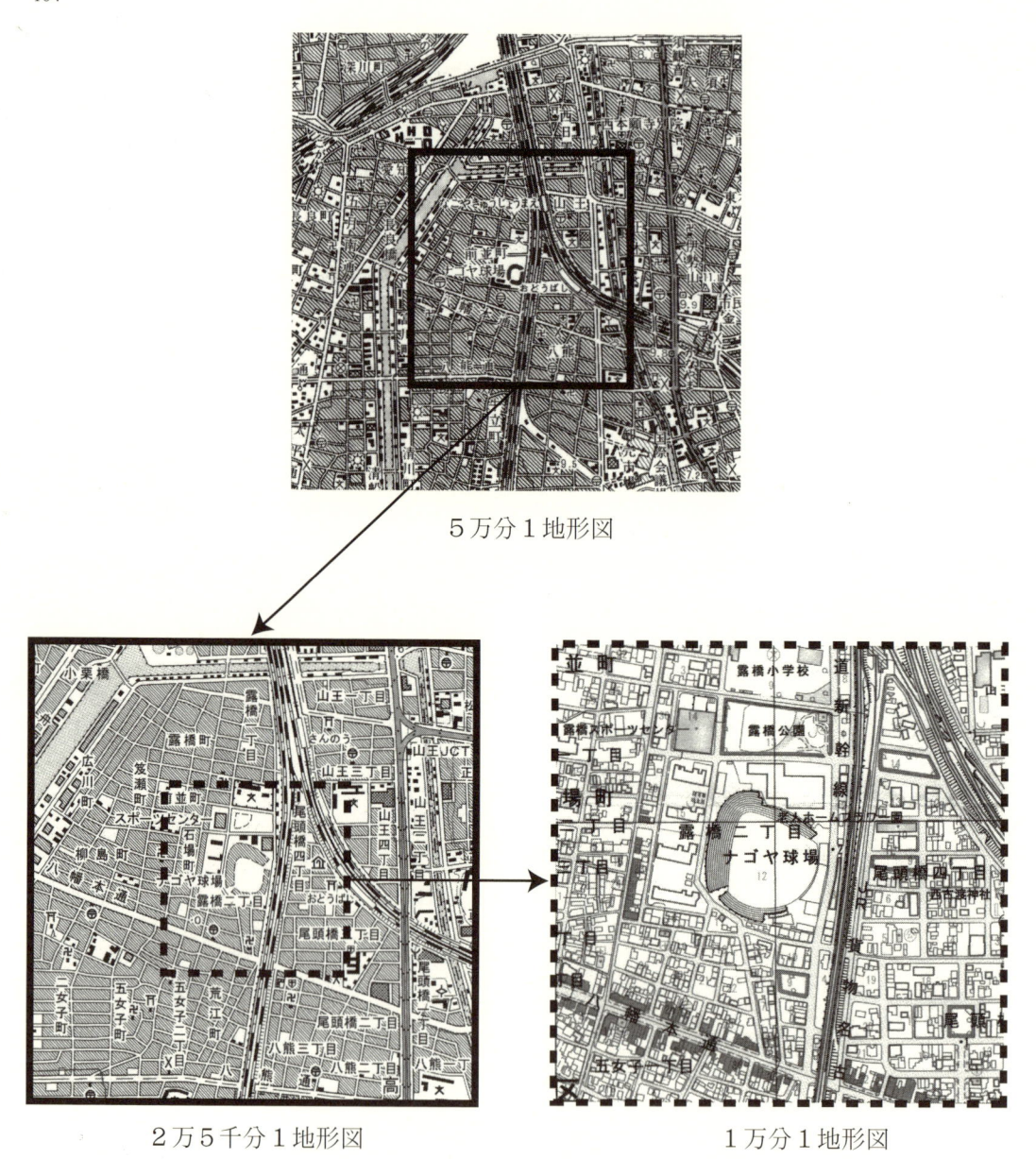

図11-1　5万分1，2万5千分1，1万分1地形図の関係
（5万分1地形図「名古屋南部」平成12年要部修正，2万5千分1地形図「名古屋南部」
平成24年更新，1万分1地形図「栄」平成16年修正）

も多くの情報を収集しようとして，回答しづらい項目を含めてしまうと，回答自体を拒否されてしまうこともある．自分の調査のテーマに沿ったものに項目は厳選することが求められる．

　アンケート調査の配布，回収にはさまざまな方法がある．日本郵便が提供するタウンプラス（指定した町丁目のすべての世帯に配布してもらうもの）というサービスを利用して配布し，料金受取人払という方法を利用して回収すれば，一度に大量のアンケート調査を配布，回収することが可能である．ただし，費用は多くかかる．一方で，調査対象の世帯を直接訪問してア

表 11-2 大阪市 24 区の人口増加率（2005-2010 年）

区名	人口増加率（%）
都島区	2.8
福島区	10.4
此花区	2.8
西区	14.4
港区	2.1
大正区	-5.1
天王寺区	8.8
浪速区	14.0
西淀川区	1.9
東淀川区	-1.0
東成区	1.6
生野区	-3.3
旭区	-2.9
城東区	3.0
阿倍野区	-0.9
住吉区	-2.2
東住吉区	-3.2
西成区	-8.1
淀川区	1.7
鶴見区	3.5
住之江区	-2.6
平野区	-0.3
北区	10.0
中央区	17.8

（『国勢調査』をもとに作成）

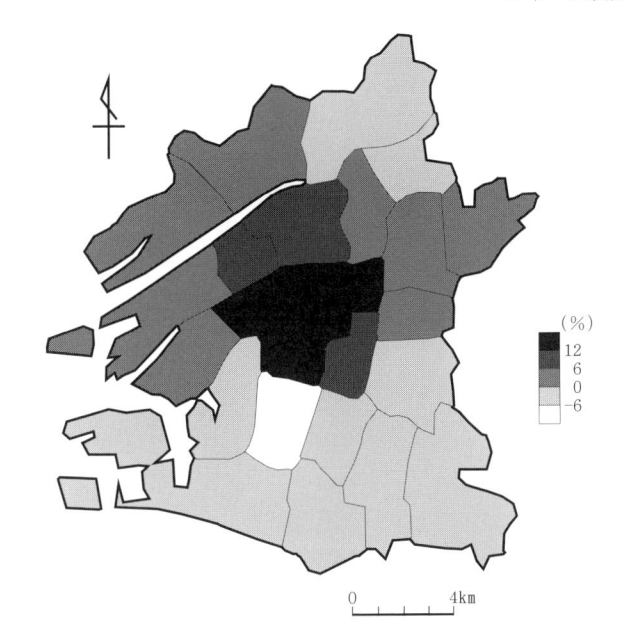

図 11-2 大阪市 24 区の人口増加率（2005-2010 年）
（『国勢調査』をもとに作成）

ンケート調査への協力を依頼し，協力を得られた世帯に対して後日回収に伺うという留置法をとれば，費用は安くすむ．ただし，配布に時間が多くかかるというデメリットもある．予算や時間との兼ね合いで決めることが必要となる．

12章　地形図からみる人間生活

1. 地形と集落

　人間は，地形などの自然条件に制約されつつもそれに適応することで繁栄してきた．都市地域をみると，自然条件などとは無縁にみえるが，時代を振り返れば都市の立地には自然条件が大きく関わってきた．たとえば，日本の主要な都市では，都市形成の基盤となった城下町の主要部分が台地上に立地していることがある（図 12-1，図 12-2）．水害から城下町を守ることや，敵の侵入を防ぐという目的のため，自然条件を踏まえた都市建設が行われたのである．村落地

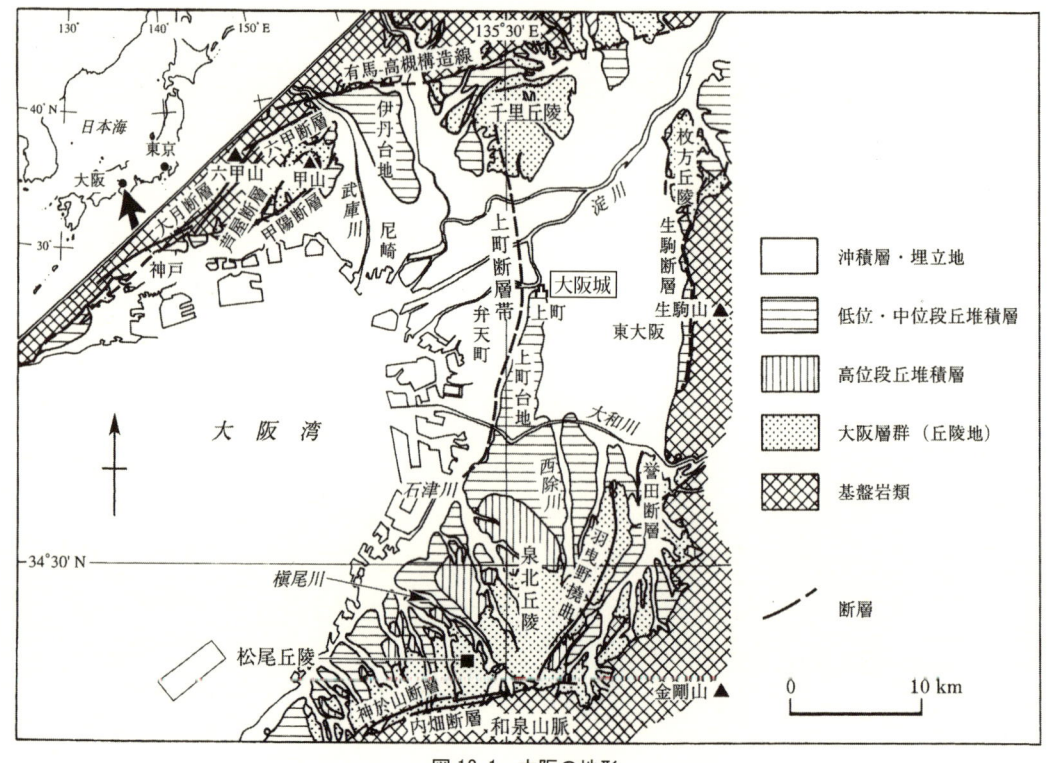

図 12-1　大阪の地形
（太田陽子・成瀬敏郎・田中眞吾・岡田篤正編『日本の地形 6　近畿・中国・四国』東京大学出版会，2004 年，を一部修正）

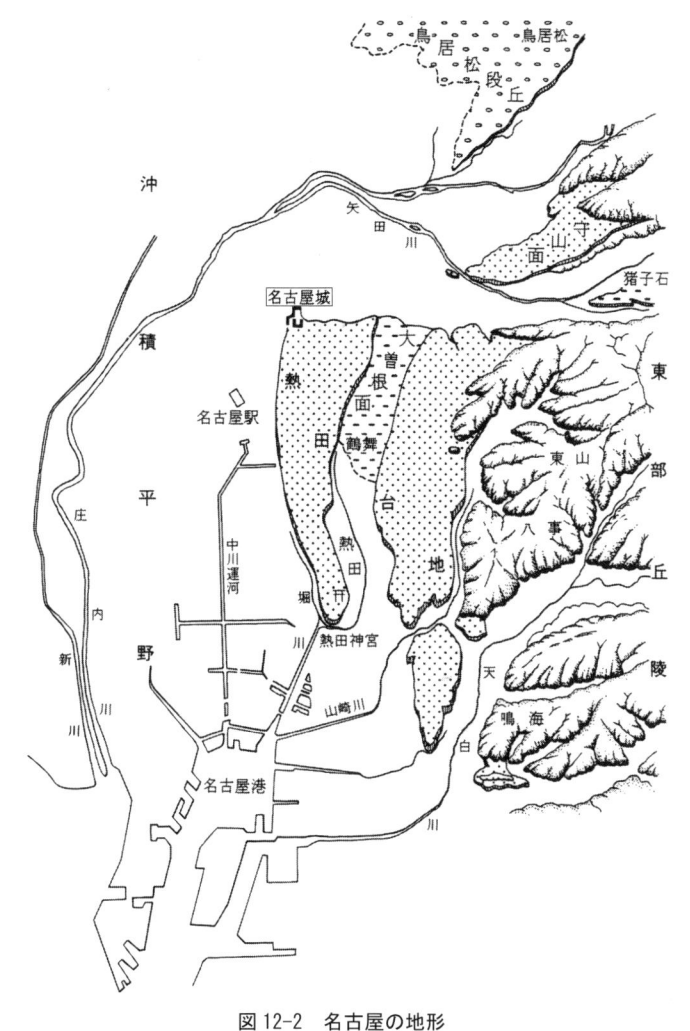

図 12-2　名古屋の地形
（土質工学会中部支部編『最新名古屋地盤図』名古屋地盤図出版会, 1988 年, を一部修正）

域や農山村の場合は，都市地域以上に自然条件との関わりが深い．以下では，いくつかの地形とそれに対応した集落立地，土地利用について紹介する．

2. 扇状地

　扇状地とは，山地から平野へ流れ出る河川が運ぶ土砂によって形成された地形であり，等高線の形が扇形にみえるのが特徴である．谷口を扇頂，中央部を扇央，末端部を扇端と呼ぶ．扇頂は，山地と平野の境界にあたるため，両地域の交易拠点として谷口（たにぐち）集落が形成されることが多かった．扇央は，河川水が伏流（ふくりゅう）し水に乏しい地域となるため，桑畑，果樹園，畑などの土地利用がなされることが多かった．扇央で伏流した水が扇端で湧出するため，扇端には集落が立地しやすい．これらの特徴が明瞭に当てはまるのは近代以前であり，灌漑技術などがすすんだ現在においては，扇央でも住宅が立地したり，水田として利用されることも多くなっている．

図 12-3 百瀬川の扇状地（滋賀県）
（2万5千分1地形図「海津」平成18年更新）

図 12-3 は，滋賀県高島市にある百瀬川扇状地を示した2万5千分1地形図である．扇央をみると，百瀬川が水無川となっており，伏流している様子がわかる．以前は桑畑として利用されていたが，大阪から約2時間という条件もあり，高度経済成長期以降は別荘開発がすすめられた．水の豊富な扇端には集落が連続しており，湧水地を示すと思われる「大沼」，「深清水」などの地名もみられる．なお，百瀬川は天井川（周囲の低地よりも河床が高くなっている川）となっており，百瀬川の下を道路が走っている箇所がある（図 12-4）．

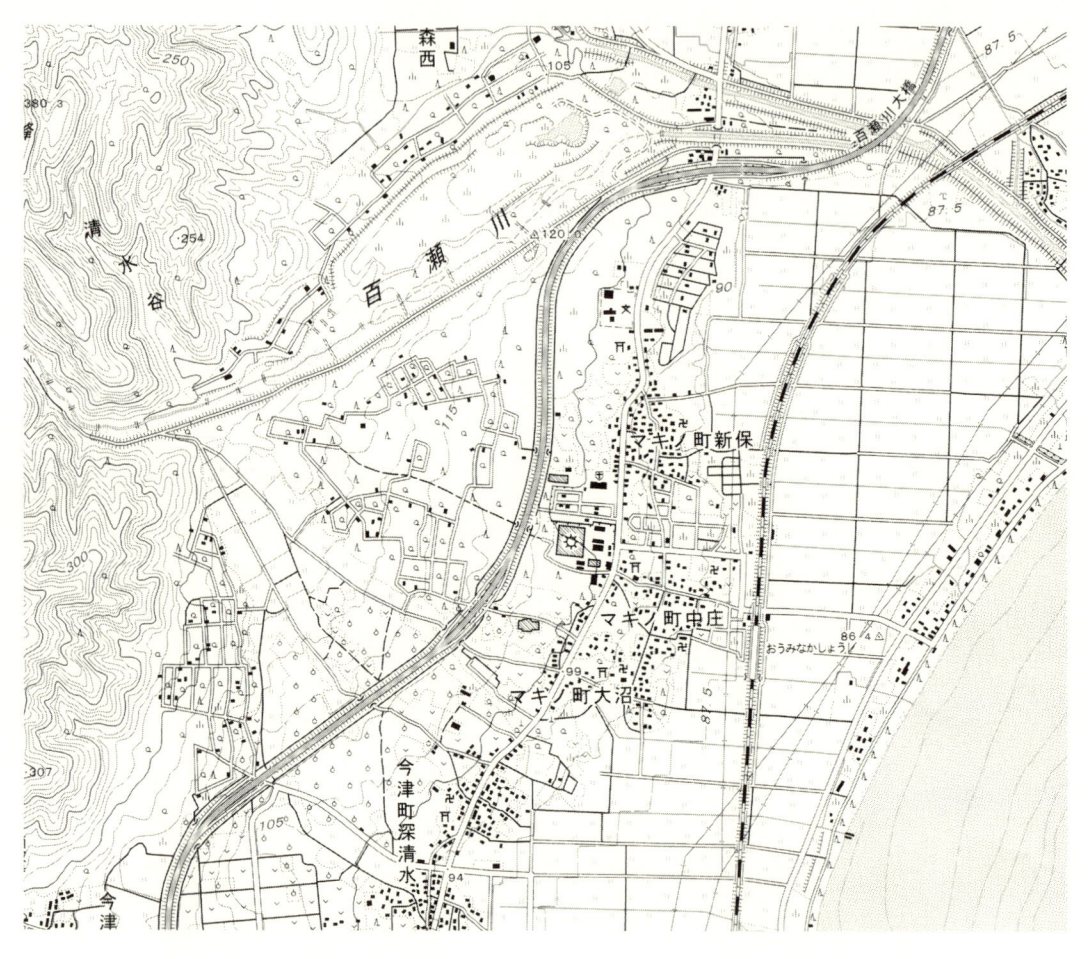

図 12-4 百瀬川の下を走る道路
トンネルの上に百瀬川が流れている．

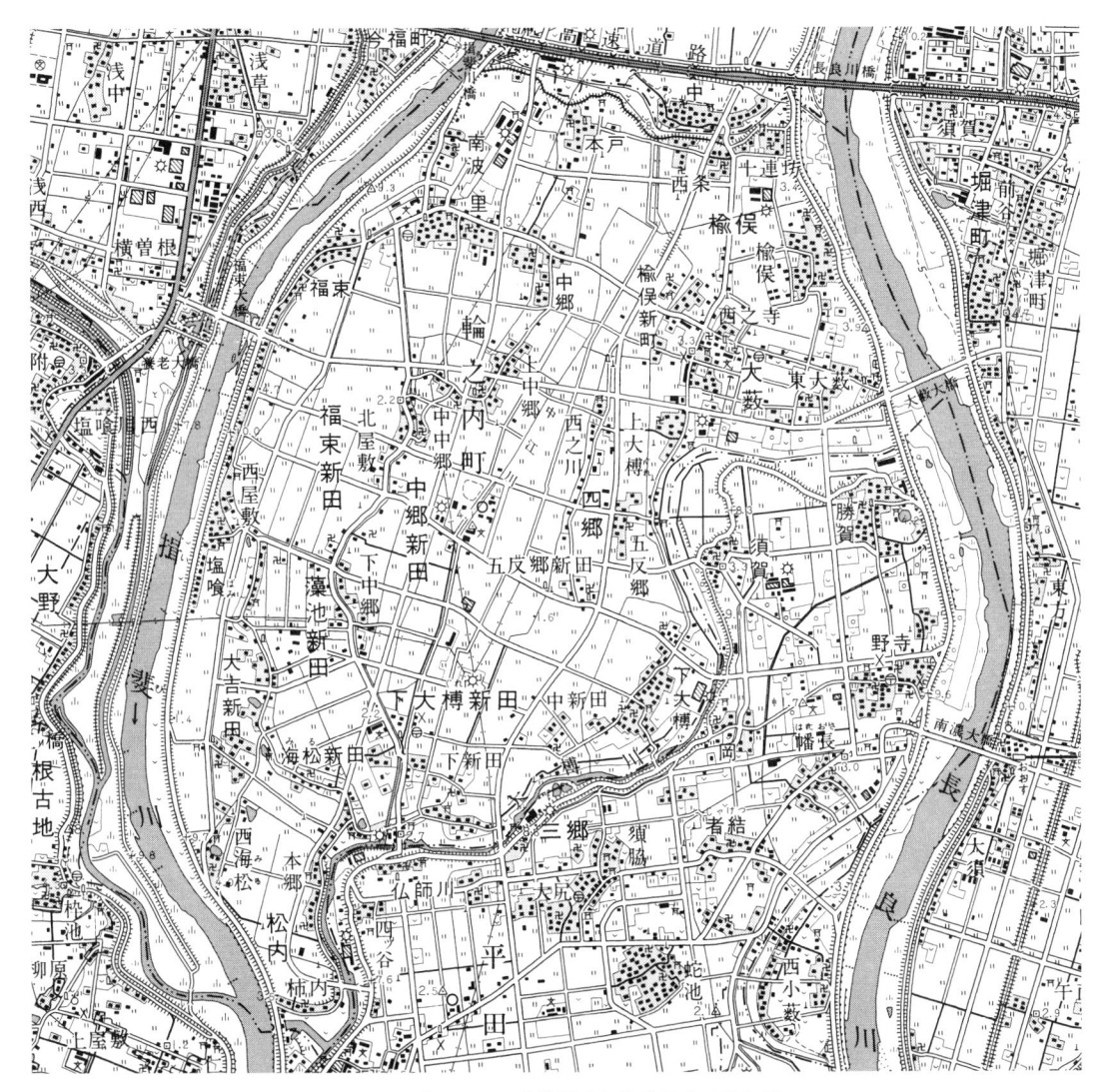

図 12-5　輪之内町の自然堤防と後背湿地（岐阜県）
（5万分1地形図「津島」平成11年修正）

図 12-6　輪中堤（岐阜県輪之内町）

3. 自然堤防と後背湿地

　図12-5は，岐阜県南西部にある輪之内町とその周辺を示した5万分1地形図である．輪之内町は，長良川，揖斐川，大榑川に囲まれた低平な地形を成している．古代から河川の氾濫が多発してきた地域であり，氾濫時に土砂が堆積してできた自然堤防と，その背後の低湿地である後背湿地が形成されている．自然堤防は微高地であり，水害を避けるために集落が立地している．また，水はけが良いため畑として利用されているところもある．後背湿地は，本来水はけが悪いところであるが，排水技術の発達にともなって水田として利用されるようになっていった．地形図からは，「新田」の名が付く地名がいくつか確認できるが，これらは江戸時代における新田開発を示すものと考えられる．

　この地域には，輪中が多く存在する．新田開発がすすめば，それらの新田も水害から守る必要が生じる．こうして，集落と新田を堤防で囲う輪中が形成されていった．特に，江戸時代初期に木曽川左岸（尾張，現在の愛知県）に築かれた御囲堤により，右岸（美濃，現在の岐阜県）において水害が増大したため，輪中は岐阜県に多く造られた．輪之内町という地名自体も輪中を意味する．

　戦後になると，開発の妨げになるとして多くの輪中堤が取り壊されていった．治水技術の発達により水害の確率が低下していったことも背景にある．しかし，1976年に発生した水害の際，輪中堤（図12-6）が残されていた輪之内町では被害が最小限に抑えられ，輪中の重要性が再認識された．

4. 河岸段丘

　河岸段丘とは，河川に沿って形成される階段状の地形である．土砂の堆積によって形成された氾濫原（洪水時に氾濫する部分）が，土地の隆起などにともなって浸食されると，一段低い土地となる．一方，浸食されず残った部分が段丘面となる．これが繰り返され，数段にも及ぶ段丘が形成されることもある．

　図12-7は，滋賀県の愛知川周辺の5万分1地形図である．愛知川は広大な扇状地を形成しているが，図12-7の範囲には河岸段丘の発達も認められる．河川に平行して等高線が密になっている部分が段丘崖であり，森林で覆われている．崖下には集落が立地している（図12-8）．水に乏しい段丘上には，戦前までは針葉樹や茶畑が広範囲に広がっていた．現在でも，果樹園，畑，茶畑などがみられるが，灌漑技術の発達した現在では水田も多い．なお，この上流部には，農業用水の安定供給を目的として，1972年に永源寺ダムが完成している．

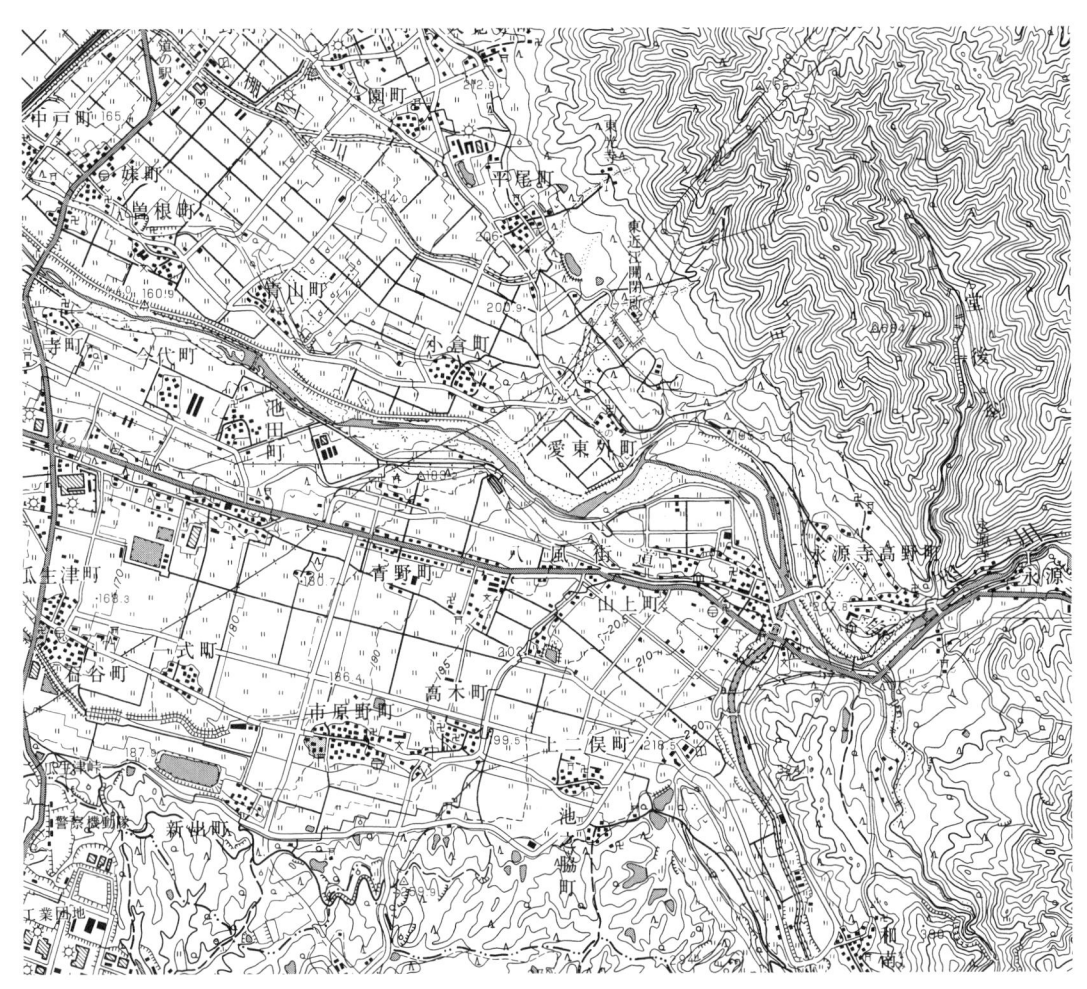

図 12-7　愛知川の河岸段丘（滋賀県）
（5 万分 1 地形図「御在所山（ございしょ）」平成 19 年修正）

図 12-8　愛知川沿いの段丘崖と崖下の集落
森林のある部分が段丘崖．

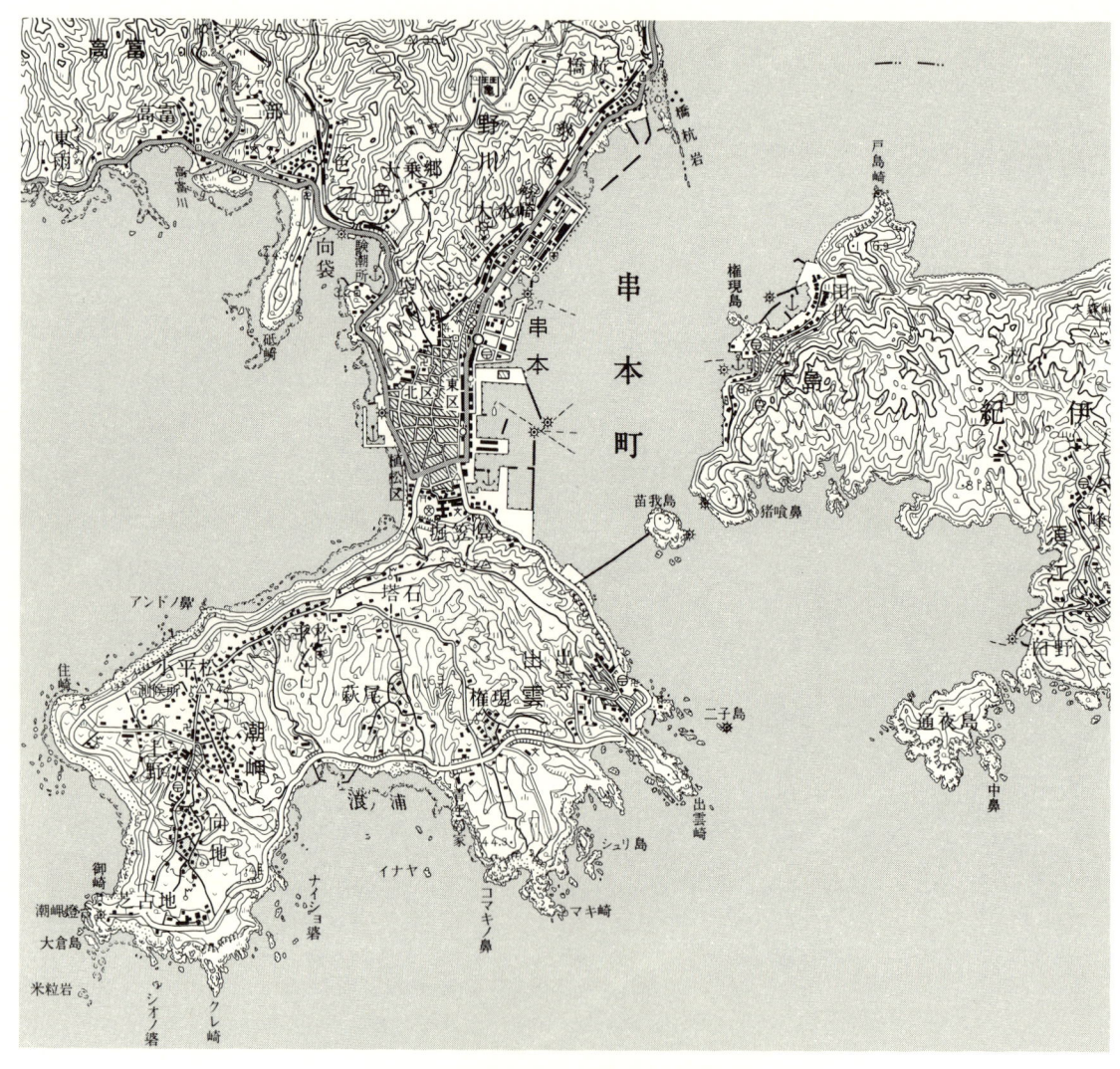

図 12-9　串本町の砂州と陸繋島（和歌山県）
（5万分1地形図「串本」平成4年修正）

図 12-10　串本の市街地（砂州）の遠景

図 12-11　阿蘇のカルデラ
（20万分1地勢図「熊本」「大分」平成22年要部修正）

図 12-12　阿蘇の草千里ヶ浜

5. 海岸地形

　図12-9は，和歌山県串本町を示した5万分1地形図である．串本町の市街地は，砂州の上に立地している（図12-10）．砂州とは，沿岸流によって運ばれた砂礫が堆積し，近辺の島とつながった細長い地形であり，つながった先の島（岬）を陸繋島と呼ぶ．この地形図では，南側に位置する潮岬が陸繋島である．

　砂州上という限られた範囲に市街地が形成されているため，新たな市街地の拡大は困難であった．そのため，串本駅の東部一帯が1950年代から1960年代にかけて埋め立てられることとなった．埋め立て地区では，公共施設や住宅地の開発がすすめられるとともに，旅館，ホテルなども立地するようになった．

　潮岬には，土地の隆起によって形成された海岸段丘が発達している．波による浸食によって海面下には海食台が形成されるが，これが隆起したものが海岸段丘である．海岸段丘上は，集落や畑として利用されている．

6. 火山

　火山は，噴火によって人間生活に大きな被害をもたらす一方で，火山灰土を利用した農業や，マグマの熱による温泉など，人間生活に恵みをもたらす面も大きい．図12-11は，阿蘇山を示した20万分1地勢図である．阿蘇山は，広大なカルデラ地形で有名な火山である．火山が噴火すると，火山内部のマグマがたまっていた部分に空洞ができる．そこが陥没してできたのがカルデラである．カルデラの外縁部に位置するのが外輪山である．

　阿蘇カルデラ一帯の斜面には，外輪山も含めて草原が広く分布している．これには，火山灰などの影響で森林化されることが少なかったことに加え，農業や畜産業を維持していくために行われる野焼きなど人為的な要素もある．草千里ヶ浜の草原は特に有名であり，散策や乗馬体験ができる観光スポットにもなっている（図12-12）．一方，カルデラ内部は平坦地が多く，水田として利用されている．

［著者紹介］

稲垣　稜（いながきりょう）

　1974年生まれ．奈良大学文学部地理学科教授．

［主著］

『郊外世代と大都市圏』ナカニシヤ出版　2011

『都市の人文地理学』古今書院　2019

2012年度に日本都市学会賞（奥井記念賞）を受賞．

2014年度に日本地理学会賞（優秀論文部門）を受賞．

現代社会の人文地理学

平成26（2014）年9月10日　初版第1刷発行
令和2（2020）年4月20日　第4刷発行

著　者　稲垣　稜
発行者　株式会社 古今書院　橋本寿資
印刷所　株式会社 理想社
発行所　株式会社 古今書院
〒113-0021　東京都文京区本駒込 5-16-3
Tel 03-5834-2874
振替 00100-8-35340
©2014　INAGAKI Ryo
ISBN978-4-7722-3162-6　C3025
〈検印省略〉　Printed in Japan

いろんな本をご覧ください
古今書院のホームページ

http://www.kokon.co.jp/

★ 800点以上の**新刊・既刊書**の内容・目次を写真入りでくわしく紹介
★ 地球科学やGIS, 教育など**ジャンル別**のおすすめ本をリストアップ
★ 月刊『地理』最新号・バックナンバーの特集概要と目次を掲載
★ 書名・著者・目次・内容紹介などあらゆる語句に対応した**検索機能**

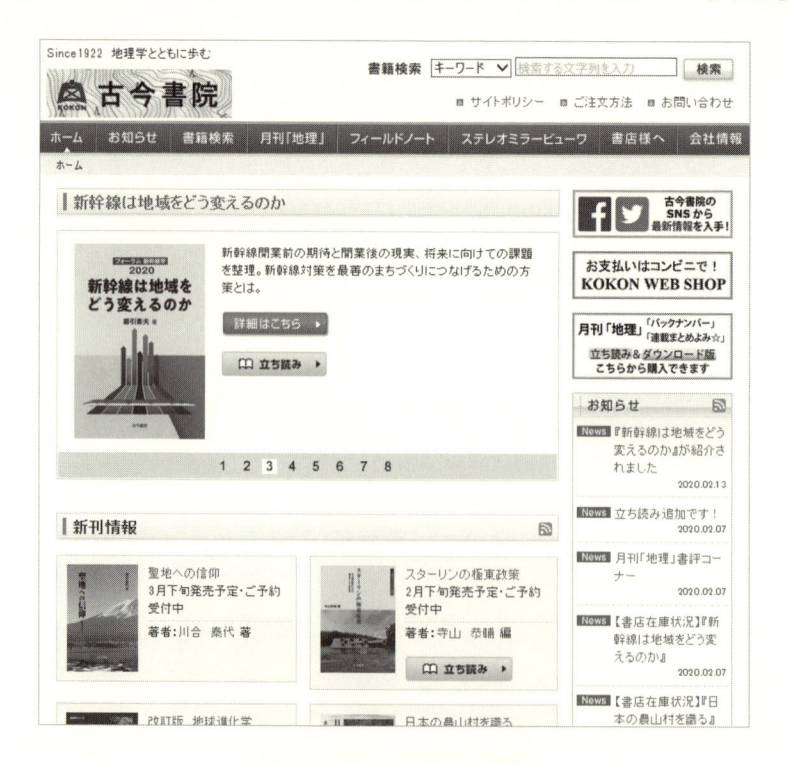

古今書院

〒113-0021　東京都文京区本駒込 5-16-3
TEL 03-5834-2874　FAX 03-5834-2875
☆メールでのご注文は order@kokon.co.jp へ